Knaur.

Knaur.

Über die Autorin:

Ines Veith studierte Filmwissenschaft, Philosophie und Kunstgeschichte. Sie arbeitete beim WDR und ist inzwischen als freie Journalistin und Autorin tätig.

Ines Veith

Die Frau vom Checkpoint Charlie

Der verzweifelte Kampf
einer Mutter um ihre Töchter

Knaur Taschenbuch Verlag

Besuchen Sie uns im Internet:
www.knaur.de

Originalausgabe Oktober 2006

Redaktion: Simone Riedle
Umschlaggestaltung: ZERO Werbeagentur, München
Umschlagabbildung: Jutta Gallus
Satz: Adobe InDesign im Verlag
Druck und Bindung: Nørhaven Paperback, A/S
Printed in Denmark
ISBN-13: 978-3-426-77832-6
ISBN-10: 3-426-77832-7

2 4 5 3 1

Denn es ist klar,
dass die Zukunft
nicht den Zaudernden gehört,
sondern denen,
die, ohne schwach zu werden,
das durchstehen,
wofür sie sich einmal entschieden haben.

Romain Rolland

Vorwort

Februar 2005. Oberbayern. In der Jachenau. Es liegt Schnee. Einen halben Meter hoch. Dicke Eiszapfen hängen von den ausladenden Dächern. Diese gefrorene Welt, in der sich die Sonnenstrahlen verfangen, ist unwirklich schön. Wenn sich das rötliche Morgenlicht in den Eiskristallen bricht, ist es, als ob Feuer in Eis schlummert. Doch wenn das Feuer der Sonne erwacht, beginnt das Eis zu schmelzen. Übrig bleibt nur die Erinnerung an einen funkelnden Augenblick erstarrter Zeit. Der Augenblick löst sich unwiederbringlich in Wasser auf. Schmelzwasser, das die Erinnerungen des Lebens weiter trägt. In Bäche, Flüsse und Meere. Das Gedächtnis des Lebens als Vermächtnis.

Wie Lebensgeschichten, die erstrahlen, um dann im Sog der Geschichte zu verschmelzen.

Ich treffe mich mit Jutta zu Spaziergängen im Schnee. Wir lassen in der Einsamkeit der weißen Bergwelt die Vergangenheit Revue passieren. Die Zeit zwischen 1982 und 1992. Zehn Jahre aus dem Leben einer allein erziehenden Mutter, die als »Frau vom Checkpoint Charlie« weltweit Schlagzeilen machte. Ihr spektakulärer Fluchtversuch über Rumänien, ihre Haft im DDR-Frauenknast Hoheneck, der politische Freikauf in die BRD und ihr mutiger Kampf um die Ausreise ihrer beiden Mädchen sowie ihre Wiedereingliederung in den Lebensalltag erzählen eine Geschichte, die einzigartig ist.

So ist das Leben. Es schmilzt von Stunde zu Stunde, von Tag zu Tag dahin, um dann im Strom der Erinnerungen von Ort zu Ort zu fließen.

Es gibt Geschichten, die man erzählen muss.

Es gibt Menschen, die man beschreiben muss.

Es gibt Ereignisse, die in der Seele brennen. So wie Naturschauspiele, die Spuren hinterlassen. Spuren, von denen die Nachwelt erzählt.

Alles trifft auf die Geschichte von Jutta Gallus zu. Ihr Schicksal erschüttert und berührt mich. Diese Frau strahlt eine unglaublich starke positive Energie aus. Sie ist kein passives Opfer, sondern eine aktive Kämpferin. Nicht verbissen, sondern zielorientiert, leidenschaftlich und humorvoll. Wie eine Löwin setzt sie sich für ihre Kinder ein. Sie lässt sich durch nichts und niemanden einschüchtern. Ihr Wille ist stärker als der Eiserne Vorhang. Von der Politik der Mächtigen lässt sie sich nicht beeindrucken. Jeder hat nur ein Leben. Und die eigene Familie ist das Wichtigste. Politik muss für die Menschen da sein und nicht die Menschen für die Politik. Das ist ihre Devise. Der Lebensweg von Jutta Gallus beweist, dass der Einzelne doch etwas bewegen kann, wenn der Wille stark genug ist. Ein Schicksal, das unbedingt festgehalten werden muss. Weil es Mut macht für das eigene Leben.

Ines Veith, März 2005

So fing Alles an …

Mein politischer Leidensweg begann im Sommer 1982. Ich hatte mich gerade scheiden lassen, meine Mutter war an Krebs gestorben und mein zwölfter Ausreiseantrag abgelehnt worden. Ich wollte nicht mehr länger warten, wollte endlich mit meinen beiden Töchtern Claudia und Beate in den Westen. Zumal mein Vater schon seit 30 Jahren in der Nähe von Aachen lebte.

Ich hatte es satt, wegen meines Ausreisewunsches ständig wie ein ungehorsames kleines Mädchen den Schikanen des Staates ausgeliefert zu sein. Meinen Job als Informatikerin hatte man mir ohnehin weggenommen. In meiner Verzweiflung riskierte ich die Flucht mit einer Schlepperorganisation.

Es war ein absolut sicherer Tipp …

[illegible]

Ich hatte, von Kerstin [illegible] Zettel [illegible] Mannheims [illegible]

Auf dem [illegible] Gedanken [illegible] gefangen [illegible] sollte [illegible] nach einer [illegible] Jetzt [illegible] von [illegible]

[illegible]

»Ich möchte [illegible]«

[illegible]

»Nein, ich habe keine [illegible]«

»Kommt [illegible]

[illegible]

»[illegible]«, meinte der Mann, [illegible]

[illegible]

Fluchtpläne

Ich hatte von Kerstin, meiner früheren Arbeitskollegin, einen Zettel in die Hand gedrückt bekommen. »Du musst nach einem Mann namens Mirco fragen«, hatte sie gesagt. »Aber erzähl bloß keinem, wer dich geschickt hat!«

Auf dem Zettel stand die Adresse, wo ich diesen Mirco treffen konnte. Tagelang war ich mit dem Finger auf dem Stadtplan in Gedanken dorthin gefahren. Ich hatte lange überlegt, ob ich es wagen sollte, mich einer Fluchthilfeorganisation anzuvertrauen. Jetzt stand ich vor jenem Gebäude, Ecke Postplatz, Ernst-Thälmann-Straße, ein altes Mietshaus, dessen Fassade so bröckelig war wie meine momentane Stimmung.

Ich ging über eine wuchtige knorrige Holztreppe hoch in den ersten Stock. Ich läutete bei Basevic. Dschiiii …! Es war ein hoher, schriller Klingelton. Ein junger Mann um die 25 Jahre, blonder Bürstenschnitt, mit Sporthose und Unterhemd bekleidet, öffnete: »Ja bitte?«

»Ich möchte gerne einen Mann namens Mirco sprechen.«

»Mirco – Sie sind mit ihm verabredet?«

»Nein, ich habe seine Adresse von einer Freundin.«

»Kommen Sie rein.« Wir gingen in eines der hinteren Zimmer. Dort blickte ein ebenfalls sehr junger Mann von seinem Schreibtisch hoch. Er wirkte wegen seiner runden Trotzki-Brille intellektuell und machte einen äußerst gepflegten Eindruck. Er trug Jeans, dazu ein weißes T-Shirt mit dem Aufdruck »I love Jazz«.

»Das ist Mirco«, meinte der Mann, der die Tür geöffnet hatte, zu mir.

»Sie wünschen?«, hob dieser den Kopf.

»Ach nichts«, antwortete ich verlegen. Mir schlotterten die

Knie, und ich hatte das ungute Gefühl, irgendwo hineingeraten zu sein, wo ich eigentlich nichts zu suchen hatte. In der DDR konnte es sehr gefährlich sein, sich fremden Menschen anzuvertrauen. Mein inneres Frühwarnsystem schlug Alarm.

»Sie brauchen keine Angst zu haben.« Mirco hatte einen breiten jugoslawischen Akzent und rollte das »R«.

»Sie wollen nach drüben?«, schrieb er auf einen Zettel und reichte ihn mir.

Ich nickte.

Er stand auf. »Kommen Sie mit, wir gehen ein bisschen spazieren.«

Der andere kam auch mit. Ich nannte ihnen unterwegs meinen Namen und mit knappen Worten mein Anliegen.

Wir gingen hinunter ans Elbufer und setzten uns auf eine Bank. »In Räumen weiß man nie, ob Wanzen versteckt sind. Wir verhandeln grundsätzlich draußen. Rauchen Sie?« Mirco bot mir eine osteuropäische Marke an.

»Nein, danke.«

»Sie wollen also raus«, räusperte sich Mirco. »Es stimmt. Wir helfen hin und wieder Leuten. Wir sind aber nur Vermittler. Die eigentlichen Fluchthelfer kennen wir nicht. Wir informieren Sie nur über den Plan, und alles Weitere ist dann Ihre Angelegenheit. Sie kennen die Preise?« Er kam gleich zur Sache.

»Nein, ich habe überhaupt keine Ahnung!«

»Sie reisen allein?«

»Nein, mit zwei Kindern, neun und elf Jahre alt.«

»Das kostet 30 000 Mark. Die Organisation verlangt eine Anzahlung in Höhe von 5000 Mark, den Rest können Sie im Westen bezahlen.«

»Aber ich kann doch nicht vorher 5000 Mark bezahlen! Und wenn es dann nicht klappt?«

»Gute Frau, das ganze Geschäft ist ein Risiko. Für uns, für die Helfer vor Ort und für Sie. Aber wie wollen Sie anders raus? Wenn Sie Ausreiseanträge stellen, können Sie gleich die Pensionspapiere mit dazulegen.« Lässig zuckte er mit den Mundwinkeln. »Es ist Ihre Entscheidung.«

Mit einem festen Tritt zerdrückte er die halb gerauchte Zigarette auf dem Boden. Er schien etwas nervös. Ein russischer Lastkahn schepperte seine Fracht mit viel Motorenlärm und Sirenengeheul die Elbe flussaufwärts. Dicker, schmieriger Qualm kam aus einem Rohr oberhalb des Kabinendecks. Ich seufzte. Selten war ich in einer Entscheidungsfindung so unentschlossen. »Sag ja!«, riet mir die innere Stimme. »Jetzt oder nie!«

»Ich möchte noch diesen Sommer ausreisen. Ist das möglich?«, fragte ich.

Mirco unterhielt sich mit seinem Kollegen in seiner Muttersprache. »Ich denke ja, aber dann müssen Sie schnell sein und am Donnerstag die Anzahlung vorbeibringen. Ich werde Ihnen dann die Route nennen und den Fluchtplan geben. Es gibt da einen sicheren Weg.«

Ich hatte ein widersprüchliches Gefühl. Waren diese Menschenhändler kriminell? Andererseits hatte ich viel Gutes über die jugoslawischen Schlepper gehört. Sie seien zuverlässiger als die deutschen. Die Routen über osteuropäische Länder mit gefälschten Pässen nach Österreich seien viel weniger riskant. Und Sicherheit war mir wichtig. Schließlich wollte ich mit meinen beiden Kindern nicht mehr als unbedingt nötig wagen.

Geld war nicht das Problem. Ich hatte genug von meinem Vater bekommen. Aber sollte ich es solch einem Unternehmen anvertrauen? Doch wie sollte sonst die Flucht gelingen? Mirco war mir schließlich von einer meiner besten Freundinnen empfohlen worden. Eine spätere Entscheidung würde niemandem helfen. Nur alles noch viel unsicherer machen. Wenn ich wirklich handeln wollte, musste ich es jetzt tun.

Am folgenden Donnerstag nahm ich die verabredete Summe und ging ans Elbufer. Mirco war allein. Er wartete schon.

»Sie haben das Geld?«, fragte er hastig.

»Ja, natürlich«, antwortete ich. »Und wie geht es weiter?«

Mirco holte einen Umschlag aus seinem Jackett.

»Hier steht alles drin. Sie werden noch im August eine Urlaubsreise nach Bulgarien antreten. Ihr Urlaubsort und ihre Pension sind bereits gebucht. Auf der Durchreise werden Sie in dem rumänischen Grenzort Severin halten, um in einem Hotel zu übernachten. Dort wird Sie ein Kollege aufsuchen, auch ein jugoslawischer Landsmann. Er wird Sie mit einem Fährschiff über die Donau nach Jugoslawien bringen. Dort bekommen Sie neue Pässe, und dann reisen Sie als westdeutsche Touristen nach Hause. Okay? Das Restgeld brauchen Sie erst innerhalb eines Jahres zu bezahlen. Es wird sich jemand bei Ihnen melden.«

»Das hört sich alles so einfach an.«

»Ist es im Prinzip auch. Es darf allerdings niemand, wirklich niemand von ihren Absichten wissen. Das kann alles gefährden. Die meisten Fluchten scheitern, weil irgendjemand zu viel erzählt hat. Machen Sie nur das, was auf dem Zettel steht, und halten Sie sich genau an die vereinbarten Zeiten. Dann kann nichts schief gehen. Wir haben schon mehr als hundert Leute geschleust. Alle über die Route Rumänien – Jugoslawien. Sie müssen sich sicher sein, dass Ihnen niemand folgt.«

Ich reichte ihm den Umschlag mit dem Geld. Für neue Pässe eine ganze Menge, aber es würde sich bestimmt auszahlen. Davon war ich überzeugt.

Ich hielt mich an die Abmachung. Für alle Verwandten und

Bekannten plante ich zum Schein eine Urlaubsreise nach Bulgarien ans Schwarze Meer. Dementsprechend bepackte ich meinen graublauen Lada mit Luftmatratzen und Badezeug. Meine beiden Mädchen wollte ich erst unterwegs oder in Severin einweihen.

Am Abend vor der Abreise ging ich noch einmal ans Grab meiner Mutter. Ich brachte ihr einen großen Strauß Kornblumen. Ihre Lieblingsblumen. Wir hatten eigentlich vor, gemeinsam auszureisen. Auf legalem Weg. Doch unsere Ausreiseanträge waren alle abgelehnt worden. Und jetzt war sie tot. Der Krebs hatte sie ausgehöhlt.

Wie oft hatte ich sie gefragt, wieso sie damals nicht meinem Vater nach Aachen gefolgt war. Es wäre die richtige Zeit gewesen. Er hatte sich entschlossen, im Westen eine neue Existenz aufzubauen. Sein Leben lang hatte er den Umgang mit Pferden geliebt, und damals hatte er eine Stelle bei einem Gestüt in der Nähe von Aachen angeboten bekommen. Als Pferdehändler. Er hatte gerochen, dass die Mauer kommen würde. Mama wollte nicht auf ihn hören. Sie wollte zurück nach Dresden. Außerdem hatte ich Scharlach bekommen, mit hohem Fieber. Meine Mutter bestand darauf, dass ich bei unserem Kinderarzt behandelt wurde. Also fuhr sie mit mir mit dem Zug zurück. Zurück in eine Zukunft, die später eingemauert wurde.

Plötzlich war es zu spät. Sie weinte viel, verstand nicht, wieso der Staat seinen Bürgern so etwas antun konnte.

Papa war jetzt Westbürger. Und wir lebten im Osten. Ich bekam oft Pakete von ihm und trug die besten Jeans. Es mangelte uns an nichts. Wir bekamen Obst, Gemüse und Leckereien. Aber das war kein Ersatz. Unsere Familie war zerrissen.

Ich war sehr unglücklich darüber, meinen Vater nie besuchen zu dürfen. Später lernte er eine neue Frau kennen. Die Ehe wurde in Abwesenheit geschieden, und auch Mama suchte sich einen neuen Mann.

Wer schuld war, wer die Mauer gebaut hatte, wer an der Grenze auf wen schoss – das war nicht zu verbergen.

Ich verstand es nicht. Hasste alles, was mich umgab. Diese dämliche Ideologie, die alles kaputtmachte und einen dazu erzog, verlogen zu sein. Ich hasste es, wenn die Leute anfingen, auf meinen Vater zu schimpfen, weil er im Westen lebte. Was ging die das an? Ich lebte in der DDR, aber meine Sehnsucht projizierte ich in den Westen. Weil ich mich weigerte, mich in aller Form von meinem Vater loszusagen, durfte ich keine höhere Schule besuchen und kein Direktstudium aufnehmen. Über verschiedene Wege gelang es mir dann zwar doch, mich weiterzubilden. Aber diese Hindernisse, die einem überall in den Weg gestellt wurden, prägten mich.

Meine Mutter wollte mittlerweile auch nicht mehr in ihrem geliebten Dresden bleiben. Sie hatte längst eingesehen, einen Fehler gemacht zu haben. Niemals hätte sie sich vorstellen können, dass die DDR so rigoros mit ihren Kritikern umging. Wenigstens war der neue Mann an ihrer Seite gut zu uns Kindern. Ich bekam noch einen Bruder und verlebte eine glückliche Kindheit. Doch mein Stiefvater wurde in den späten sechziger Jahren sehr krank und starb. Als meine Mutter wieder allein war, hatten wir die Idee, gemeinsam den Osten zu verlassen. Wir wären zusammen ausgereist, hätte man uns gelassen. Wie gern hätte ich mit ihr ein neues Leben im anderen Teil Deutschlands aufgebaut.

Nein, ich war kein Revoluzzer, ich rief nicht zum Widerstand auf. Aber seit meiner Kindheit wollte ich diesen Staat verlassen, und das erst recht, als ich eigene Kinder hatte. Ich wollte nicht, dass sie in einer Diktatur aufwachsen mussten. Sie sollten frei sein. Die Knüppelpolitik der SED war einfach widerlich. Dieser Pionier- und FDJ-Zwang, dieses verstaatlichte Denken … Wer ein bisschen bei Verstand war und sich nicht von den Machthabern korrumpieren ließ, musste zu dem Schluss kommen, dass hier einiges falsch lief. Schon in den Kindergärten unterrichteten sie die Kleinen mit Kampfliedern und bauten so Feindbilder gegenüber dem Westen auf. Es war nicht meine Art, mich in irgendeine Nische zu verkriechen. Natürlich verliebte auch ich mich, natürlich hatte auch ich mein Leben hier eingerichtet, natürlich hatte auch ich einen Mann gefunden und versucht in einer Ehe und Familie glücklich zu werden. Aber es gelang mir immer nur für kurze Zeit. Ich war meinem Ex-Mann in den Ohren gelegen, gemeinsam zu fliehen. Eine Flucht sah ich geradezu als meine Verpflichtung an. Andererseits wollte ich meine Mutter nicht alleine lassen. Erst recht nicht, als sie krank geworden war und keine Kraft mehr hatte, ein neues Leben zu beginnen.

Aber jetzt war sie tot. Und mich hielt nichts mehr. Ich würde in der DDR nicht alt werden. Ich war wie mein Vater. Die Freiheit ist das wichtigste Gut im Leben, sagte er immer. Und das sollten auch meine Kinder erfahren. Sie sollten nicht in einer Diktatur aufwachsen. Ich wollte den ganzen sozialistischen Kram samt Parteigesülze und Friedenspanzer inklusive deutsch-sowjetischer Freundschaft ein für alle Mal begraben. Solch ein Unfug. Wer dachte sich diesen Schrott nur aus, und woher kam dieser millionenfache Gehorsam? War es, weil der Aufstand gescheitert war? Weil die Menschen irgendwie immer Angst hatten? Ich kannte keinen, der an dieses dumme Geschwätz wirklich geglaubt hätte. Aber es gab viele, die so taten und sich dadurch Vergünstigungen ergatterten. Solche, die glaubten, dass es überall auf der Welt ungerecht zugehe und es egal sei, wo man ungerecht behandelt würde oder durch wen.

Ich hätte es mir nie verziehen, es nicht wenigstens versucht zu haben. Jetzt hatte ich meine Entscheidung getroffen und war glücklich darüber, endlich ohne schlechtes Gewissen handeln zu dürfen. Und ich wusste, Mama würde mich verstehen.

Die Flucht

Während der gesamten Autofahrt hatte ich die Straßenkarte neben mir auf dem Beifahrersitz liegen. Je näher wir dem rumänisch-jugoslawischen Grenzort Severin kamen, desto nervöser wurde ich.

Die Kinder saßen hinten. Ich hatte die beiden doch noch am Abend zuvor eingeweiht. Sie wussten, dass sie nichts sagen durften, wussten aber nicht, wie gefährlich das ganze Unternehmen sein konnte. Für sie war es mehr ein Abenteuer, das in wenigen Tagen im Haus ihres Onkels enden sollte.

Wir freuten uns auf den Westen. Ich hatte den Kindern so viel vorgeschwärmt. Endlich würden sie ihren anderen Opa kennen lernen. Doch am wichtigsten war uns, dass wir zusammen waren. Wir drei waren eine richtig gute Gemeinschaft. Ich war seit der Scheidung ihre wichtigste Bezugsperson, und es bestand ein besonderes Vertrauensverhältnis zwischen uns dreien.

Ich behandelte meine Töchter eher partnerschaftlich. Die Mädchen wussten das zu schätzen und halfen fleißig im Haushalt mit. Oft nahm ich mir die Zeit, ihnen wunderschöne selbst entworfene Kleider zu nähen, oder ich strickte und häkelte ihnen Anzüge fürs Eislaufen oder fürs Tanzen. Wenn wir drei etwas zusammen unternahmen, drehten sich manchmal die Leute auf der Straße um. Ich achtete immer darauf, dass wir hübsch aussahen.

Meine Kinder und ich waren schmal, fast zierlich, hatten volle, lange Haare, die wir mal mit einer breiten Hornschnalle, mal mit einer bunten Schleife auf dem Hinterkopf zu einem Pferdeschwanz zusammenfassten. Ich drehte mir vereinzelt Locken in die Stirn, die meinem etwas slawisch geschnittenen Gesicht eine verspielte Note gaben.

Ich war stolz auf meine beiden Mädchen, und ich war glücklich, ihnen bald mehr im Leben bieten zu können als den tristen DDR-Alltag, in dem die Menschen unglücklich waren.

Es waren noch etwa 200 Kilometer bis Severin. Wenn alles nach Plan verlief, würden wir morgen Nachmittag im »Hotel Carpati« einen Jugoslawen namens Milan treffen. Er sollte uns in der Nacht vom 23. auf den 24. August über die Donau nach Jugoslawien bringen. Dort sollten wir dann die bundesdeutschen Pässe erhalten und als westdeutsche Touristen über Österreich in die Bundesrepublik ausreisen. Es klang alles so einfach und so logisch.

Auch die beiden Mädchen hatten eine wichtige Aufgabe übernommen. Sie mussten mir versprechen, während der ganzen Reise unbedingt auf ihre beiden Stofftiere aufzupassen. Sie durften sie unter keinen Umständen verlieren. Ich hatte in jeden der beiden Affen 2000 Westmark eingenäht. Unser Notgroschen für alle Fälle!

Die Äffchen hatten diese typischen frechen Gummigesichter und Sommersprossen auf den Nasen. Sie hießen Cindy und Bert, wie die beiden westdeutschen Sänger, die wir so mochten und deren Lieder wir trällerten.

Es war drückend schwül, als ich vor dem vereinbarten Hotel vorfuhr. Man hätte auf dem Autoblech Spiegeleier braten können, so heiß war es. Die beiden Mädchen fächerten sich mit einer Zeitung kühle Luft zu. Ich versprach, erst mal für ein frisches Getränk zu sorgen, denn das Hotel hatte eine kleine Bar.

Bevor wir zur Rezeption gingen, bestellten wir uns eine Limonade und suchten uns einen Platz in der Nähe eines scheppernden Ventilators.

»Geschafft!«, seufzte ich. Mein Rücken schmerzte, und die Fußsohlen brannten wie Feuer.

Dennoch war ich froh, dass die lange Autofahrt ohne Pannen überstanden war. Jetzt konnten wir uns wenigstens bis morgen ausruhen und neue Kräfte sammeln. Auch meine beiden Töchter gähnten. Ihre hübschen fliederfarbenen Kleider mit den bestickten Rüschenrändern an den Trägern und am Saum waren zerknittert. Auch ihre ebenfalls fliederfarbenen Tuchschleifen, die ihre langen Haare zu Pferdeschwänzen bändigten, sahen schon recht mitgenommen aus. Gleich nachdem wir das Zimmer bezogen hatten, würden wir uns erst mal frisch machen und dann eine Runde schlafen. Abends wollten wir so richtig gemütlich essen gehen. Vielleicht gab es irgendein hübsches Gartenlokal, wo man draußen sitzen konnte.

Während ich vor mich hin döste und die Kinder ihre Limonade tranken, wurde ich plötzlich von einem Männerarm, der über meine Schulter griff, aufgeschreckt. Es ging alles blitzschnell. Als ich bemerkt hatte, dass es der Fremde auf meine Handtasche und mein Gepäck abgesehen hatte, war schon alles geschehen. Ich sprang hoch, wollte dem Mann nachrennen, doch ich sah nur noch, wie er sich hinter seinem Kumpanen aufs wartende Motorrad schwang. Mit meiner Handtasche und meiner Reisetasche am Arm.

Ich verständigte unverzüglich den Ober an der Bar und die Hotelrezeption. Diese versprachen, die Polizei zu rufen.

Doch was sollte ich jetzt anfangen? Alle Papiere waren weg! Die Pässe, der Führerschein, der Geldbeutel, alles hatte dieser Kerl bei sich. Ich war verzweifelt. Auch Claudia und Beate spürten sofort, dass etwas Schreckliches geschehen war.

»Was machen wir denn jetzt?«, fragte Claudia.

»Ich weiß nicht. Abwarten, was die Polizei sagt.«

»Und morgen?«, flüsterte Claudia.

»Pst!« Ich legte den Zeigefinger auf ihre Lippen. »Wir müssen abwarten«, sagte ich lauter, dann wurde ich wieder leiser. »Ihr dürft nichts sagen. Wir wollten hier eine Pause machen und übermorgen nach Bulgarien weiterreisen, nach Burgas. Dort wohnen wir in einer Pension. Ihr wisst schon. Alles klar?«

Die beiden nickten. Sie spürten, dass es jetzt auch auf sie ankam und wie wichtig die kommenden Stunden für alle waren. Die Polizei kam etwa nach zwanzig Minuten. Sie hatten auch einen Übersetzer mitgebracht.

Sie entschuldigten sich für ihre rüden Landsleute und sprachen davon, dass Diebstähle solcher Art in letzter Zeit überhand nahmen. Mir schien das alles plausibel, denn schließlich hatte ich auch schon von Freunden in Dresden gehört, dass die Rumänen auf Raubzüge bei Touristen aus waren.

Einer der Angestellten des Lokals konnte den Täter beschreiben, und die Polizei versprach, sich der Angelegenheit anzunehmen.

Wieso muss uns das passieren? Wieso? Wieso? Wieso?, dachte ich verzweifelt. Die Lage war schon so angespannt genug. Wenn ich diesen dämlichen Dieb vor meiner Nase gehabt hätte … Doch wem nutzte meine Wut? In einem fremden Land, einen Tag vor unserer geplanten Flucht.

Ich glaubte nicht wirklich daran, dass die Polizei den jungen Burschen schnappen würde. Warum sollten sie sich bei der Hitze wegen uns ins Zeug legen? Ob der Jugoslawe uns auch ohne Papiere mitnahm? Bereits wenige Stunden später, am nächsten Morgen, erhielt ich erste Antworten.

Die Polizei hatte den Dieb gefasst. Ich konnte eindeutig meine rote Badetasche mit den Möwen-Applikationen identifizieren. Drei Handtücher, drei Waschlappen und der Kulturbeutel mit Seife und verschiedenen Cremes, Zahnbürsten und Zahnpasta waren noch vorhanden. Das Geld war weg, die Pässe und die Fahrerlaubnis hatte der Dieb angeblich in die Donau geworfen.

Na prima! Jetzt saß ich mit den Kindern in diesem miesen Severin fest. Was sollte jetzt geschehen?

»Sie müssen sofort nach Bukarest und dort Ersatzdokumente beantragen. Ich habe Ihnen hier für die Behörden eine Bescheinigung ausgestellt, die besagt, dass Sie Opfer eines Diebstahls wurden. Dieser Ersatzführerschein erlaubt es Ihnen, Ihr Fahrzeug zu benutzen.«

»Hat das noch einen Tag Zeit?«, fragte ich vorsichtig. Der Polizist sah mich merkwürdig an.

»Nein, das muss sofort erledigt werden. Sie wollen doch auch weiter nach Bulgarien, soweit ich informiert bin. Da brauchen Sie dringend Ihre Dokumente.« Er gab mir die Adresse der DDR-Botschaft, wo ich innerhalb kürzester Zeit neue Papiere bekommen würde.

»Alles aus!«, dachte ich. Statt mit der Fähre nach Jugoslawien musste ich jetzt nach Bukarest und dort wahrscheinlich tagelang warten, bis die Bürokraten fertig waren. 5000 Westmark umsonst ausgegeben. Aber wenn ich hier bliebe, würde das auffallen? Es sei denn …

Ich log, dass es einer meiner Töchter, vermutlich durch die lange Autofahrt und die Aufregung, schlecht gehe und ich es doch vorzöge, noch einmal zu übernachten. Niemand hatte etwas dagegen.

So wartete ich in schrecklicher Anspannung dem Nachmittag entgegen. Vielleicht hatte ja dieser Milan eine Idee.

Doch Milan kam nicht.

Gegen 14 Uhr waren wir unten an der Bar verabredet gewesen. Er sollte schwarze glatte Haare haben, eine Jeans und ein gelbes Hemd mit einer blauen Krawatte tragen. Doch niemand betrat den Raum, der auch nur annähernd der Beschreibung Milans glich.

Vielleicht hat er alles mitbekommen und kneift nun, dachte ich. Vielleicht hat ihn die Polizei in meiner Nähe abgeschreckt. Diese Leute waren mehr als vorsichtig.

Es war mittlerweile zwei Stunden über der vereinbarten Zeit. Ich saß bei meinem vierten Milchkaffee. Die Kinder waren schon ungeduldig und hatten Hunger. Ihre Äffchen hielten sie immer fest im Arm.

»Mami, wann gehen wir? Hier ist es so langweilig«, jammerte Beate. Und auch Claudia wippte dauernd mit ihrem Stuhl.

»Noch eine halbe Stunde«, ermunterte ich meine beiden. »Spielt doch: ›Ich sehe was, was du nicht siehst‹!«

Sie waren zwar von meinem Vorschlag nicht gerade hellauf begeistert, doch für eine Weile beschäftigt. Aber auch eine halbe Stunde später hatte sich Milan nicht gezeigt.

War jetzt alles zu Ende? Was sollte ich tun? Zurück ging nicht mehr. Vielleicht wussten sie schon alles und hatten uns überwacht. Aber alleine konnten wir die Flucht niemals riskieren. Und wen sollte ich hier fragen?

In der folgenden Nacht konnte ich kaum schlafen. Alles drehte und drehte sich wieder und wieder in meinem Kopf. Gab es denn wirklich keinen Ausweg? Da kam mir plötzlich ein genialer Gedanke. Natürlich! Ich brauchte in Bukarest nur die bundesdeutsche statt der DDR-Botschaft aufzusuchen! Dort würde ich so tun, als seien wir westdeutsche Touristen. Das musste doch möglich sein!

Obwohl es schon nach elf Uhr abends war, versuchte ich meinen Onkel im Westen von einer Telefonzelle neben der Rezeption zu erreichen. Das war zwar nicht einfach, doch um diese Uhrzeit immerhin schneller möglich als am Tag. Gott sei Dank klappte die Verbindung, und er meldete sich.

»Jutta, von wo rufst du an?«, fragte er verblüfft. Er dachte, ich sei vielleicht schon in Österreich.

»Onkel Martin, nichts klappt hier! Wir sitzen fest. Man hat uns beraubt, die Pässe, alles ist weg. Ich muss jetzt neue Pässe für Jutta Wagner aus Bad Wildungen beantragen. Verstehst du?«

»Ja, Kindchen, natürlich. Geht das auch alles gut?«, fragte er besorgt.

»Ich hoffe«, antwortete ich. »Aber du hast mich verstanden, im Fall von Nachfragen und so.«

»Klar, ich weiß schon Bescheid. Alles Gute!«, sagte er noch, dann machte es klick in der Leitung, und das Gespräch war beendet.

»Wollen Sie noch mal?«, fragte die Dame an der Rezeption freundlich. Ich verneinte, bezahlte gleich und ging auf mein Zimmer.

Mein Onkel hatte mich wohl verstanden und würde mich sicher nicht im Stich lassen. Viel Glück, Jutta, versuchte ich mich selbst zu ermutigen. Mir schien diese Idee die einzige Chance zu sein.

Morgens teilte ich meine Pläne den Mädchen mit.

»Wir dürfen nichts unversucht lassen, nun, da wir schon mal hier sind. Onkel Martin weiß Bescheid. Wir heißen also ab heute Gallus-Wagner mit Nachnamen. Hört ihr. Das ist ganz wichtig. Wenn euch jemand fragt, müsst ihr so euren Namen nennen. Wir wohnen seit ein paar Monaten in Bad Wildungen, sind ganz normal ausgesiedelt und wohnen noch bei Onkel Martin. Wir wollten einen bulgarischen Freund in Burgas besuchen. Wenn wir dann erst die Pässe haben, reisen wir ganz offiziell mit dem Zug aus. Das Auto lassen wir irgendwo in Bukarest stehen. Denkt dran! Alles andere ist unwichtig. Nur eure Äffchen, die dürft ihr niemals liegen lassen!«

»Jaja«, maulte Beate. Wie oft hatte sie sich diese Litanei schon anhören müssen.

»Warum war Milan denn nicht da?«, fragte Claudia unsicher.

»Vielleicht ist das Boot kaputtgegangen«, meinte Beate.

»Seid still«, ermahnte ich die beiden. Ich wollte nicht, dass sie darüber sprachen.

Wenn das nur alles gut ging! Doch ich hatte inzwischen genauso viel Angst davor, wieder nach Hause zu fahren. Vielleicht war unser Schlepperring aufgeflogen, und ich wurde schon erwartet. Vielleicht war dieser Diebstahl ein Zeichen des Himmels, und ich sollte handeln, bevor alles zu spät war. Wir gingen zum Hauptbahnhof und zeigten dort bei der Miliz an, dass wir bestohlen worden seien. Ein Dieb habe mein Handgepäck entwendet, in dem sich unsere Papiere befunden hätten. Ich gab an, aus Bad Wildungen zu kommen. Daraufhin erhielt ich ein Schreiben, das unsere Angaben amtlich bestätigte. Mit diesem gingen wir zur Botschaft der BRD, wo wir uns Ersatzdokumente ausstellen lassen sollten.

Es war alles so einfach, und dennoch gab es tausend Unwägbarkeiten. Mir tat es schon Leid, mich dieser Organisation anvertraut zu haben. Es gab zu viele Kriminelle unter den Schleppern. Doch das änderte nichts an meiner momentanen Lage. Ich war fest dazu entschlossen, auf eigene Faust zu handeln, und überzeugt von der Durchführbarkeit meiner Idee. Wenn wir nur erst die bundesdeutschen Pässe hätten!

Die Dame an der Passausgabestelle in der Botschaft der Bundesrepublik Deutschland in Bukarest war sehr freundlich. Sie hörte sich meine Geschichte von den gestohlenen Papieren an, warf einen Blick auf das Schreiben sowie auf das Telegramm von Onkel Martin und nahm meine Daten auf.

»Wir werden Ihre Angaben überprüfen, Sie bringen übermorgen noch Passbilder, und dann werden wir Ihnen die Ersatzdokumente ausstellen.«

Die Dame, eine Frau Kirchner, war noch so nett, mir eine Pension zu nennen, in der ich unterkommen konnte. Sie telefonierte kurz und buchte gleich ein Dreibettzimmer.

»Vielen Dank, das ist wirklich sehr lieb von Ihnen!«, bedankte ich mich höflich, und wir bezogen die neue Unterkunft. Ich hatte nicht die Nerven, mir Bukarest anzusehen. Meine Gedanken kreisten nur um die Pässe. Die Pension lag in einer Seitenstraße neben dem »Platz des Sieges«. Es war eine kleine, eher schmuddelige, aber preiswerte und zentral gelegene Unterkunft. Überall roch es nach Zwiebeln. Selbst die Betten in den Zimmern hatten diesen eigenartigen Geruch. Vielleicht war es auch das Desinfektionsmittel, das so merkwürdig stank.

Am nächsten Tag waren wir drei damit beschäftigt, einen funktionierenden Passbildautomaten zu finden. Endlich fanden wir einen am Flughafen. Auch Claudia und Beate ließen sich fotografieren. Es waren keine Starfotos, aber Hauptsache wir konnten der Dame in der Botschaft etwas vorzeigen.

Es war tatsächlich alles perfekt gelaufen.

»Wir haben uns erkundigt und Ihnen neue Pässe ausgestellt«, wurde ich freundlich begrüßt. »Sie können damit jetzt die Grenze passieren, müssen sich aber vorher noch beim Auswärtigen Amt Bukarest ein Ausreise-Visum besorgen. Das können wir hier nicht für Sie erledigen. Da müssen Sie selbst hingehen. Es ist aber nicht weit. Etwa vier Straßen in Richtung Hauptbahnhof. Ein Eckgebäude, nicht zu verfehlen. Wenn Sie dann das Ausreise-Visum haben, können Sie direkt ausreisen.«

Ich hatte einen knallroten Kopf bekommen. Irgendwie hatte ich das Gefühl, dass hier alle über uns Bescheid wussten. Das Ausreise-Visum! Das hatte ich nicht bedacht. Ich nahm die frischen, grünen Pässe, einen für mich, je einen für meine Töchter, und ging hinaus.

Niemand folgte mir. Niemand hielt mich auf. Ich war tatsächlich Bundesbürgerin! Da stand es schwarz auf weiß. Jutta Gallus-Wagner, wohnhaft in Bad Wildungen, Steinstraße 12. Ich konnte noch gar nicht fassen, dass alles so einfach gegangen war. Jetzt noch die letzte Hürde und morgen oder übermorgen würden wir bereits im Zug sitzen. Bukarest – Wien – München!

Wir drei suchten uns ein einigermaßen hübsches Lokal und feierten mit den Äffchen unsere Freiheit.

Am Nachmittag gingen wir zur Miliz, um die Ausreise-Visa abzuholen. Es war der 25. August 1982. Seit drei Stunden waren wir tatsächlich Bundesbürger. So lange wartete man darauf, gab sein Erspartes her und dann waren es nur ein paar bedruckte Seiten mit dem Siegel einer offiziellen Behörde. Kein gefälschter Pass, sondern ein echter, mitten in Rumänien ausgestellt. Wenn das keine Fügung des Schicksals war!

Doch bei der Miliz im Auswärtigen Amt war man misstrauisch. So neue Pässe, und dann die Geschichte mit dem Diebstahl!

Ein Mann in Uniform betrachtete sich immer wieder prüfend die Pässe, telefonierte dann mit irgendjemandem und gab mir folgende Auskunft: »Sie müssen die Dokumente hier lassen und können sie sich heute Abend nach 18 Uhr abholen.«

Ich hatte zum ersten Mal seit dem Diebstahl meiner Papiere ein ungutes Gefühl. Weshalb drückte man nicht an Ort und Stelle den Stempel in die Papiere? Weshalb sollten wir die Pässe dalassen? Ich hatte in meiner Freude völlig übersehen, dass ich mich ja immer noch in einem sozialistischen Land, das zudem sehr eng mit der DDR befreundet war, aufhielt. Konnte es sein, dass die Miliz bei den DDR-Behörden nachfragen wollte?

Mein Einwand, ich habe es eilig und wolle nicht noch mal mit den Kindern den weiten Weg zurücklegen, wurde ignoriert.

»Wollen Sie die Visa oder nicht?«

Es hatte keinen Sinn. »Um achtzehn Uhr hier bei Ihnen?«, wiederholte ich leise.

Nun hatte ich richtig Angst. Mein Puls raste und ich schwitzte, obwohl es kühl und bewölkt war. Was würden sie mit uns tun, wenn sie die Wahrheit erfuhren? War das versuchte Republikflucht? Oder war es nur ein kleines Gelegenheitsdelikt? Mit aller Macht bemühte ich mich, nicht auch noch meine Kinder mit meiner Angst anzustecken. Ich zwang mich zu einem fröhlichen Gesichtsausdruck. Doch meine Knie zitterten, und mein Atem wurde schneller, als ich gegen achtzehn Uhr die Miliz betrat. Das Gebäude schien schon leer zu sein. So spät waren normalerweise keine Bürozeiten mehr.

»Sind Sie Frau Gallus-Wagner?«, hörte ich plötzlich eine deutsch sprechende Stimme hinter mir.

Ich drehte mich um. Drei Männer in Zivil bauten sich vor mir auf.

»Wir möchten Sie bitten, zur Klärung eines Sachverhaltes mitzukommen!«

Ich blickte die Männer mit großen Augen an und versuchte, aus diesen regungslosen Gesichtern abzulesen, was uns jetzt erwartete. Doch es gelang mir nicht. Sie sahen nicht irgendwie bedrohlich aus. Aber auch nicht harmlos. Eher ernst, reserviert.

»Warum?«, fragte ich leise. Ich hatte das Gefühl, gleich umfallen zu müssen. Aber ich hielt tapfer meine beiden Mädchen an den Händen. Und diese wiederum hielten ihre Äffchen fest.

»Es geht um Ihre Papiere. Da ist jemandem noch etwas unklar.«

»Und was?«

»Das wissen wir nicht. Wir haben nur den Auftrag, Sie zu begleiten.«

»Wissen Sie denn wenigstens, wohin?«

»Ja. An den Flughafen. Wir haben dort eine Außenstelle, wenn hier Schluss ist.«

Eine Falle! Das war bestimmt eine Falle! Aber welche Chance hatte ich, hier noch herauszukommen? Ich versuchte Zeit zu gewinnen.

»Hat das nicht noch bis morgen Zeit?« Ich versuchte die Eingangshalle zu verlassen. Doch die Hand von einem der Männer schloss sich um meinen Oberarm.

»Nein«, hielt er mich auf. »Sie sollen jetzt kommen.« Er hielt mich immer noch fest und sein Blick verriet, dass er keinen Widerstand mehr duldete.

»Lass meine Mami los!«, rief plötzlich Claudia. Die Kinder hatten sich bislang auffallend still verhalten.

»Seid still!«, ermahnte ich sie. Meine Mundwinkel zuckten, und ich fühlte einen dicken Kloß in meinem Hals, als wir in den dunklen Wolga stiegen.

Das war also das Ende unserer Reise. Endstation Bukarest! O nein! Doch warum fürchtete ich mich? Ich war ganz offiziell Bundesbürgerin. Das würde mir doch die Botschaft bestätigen. Ich musste nur fest genug darauf beharren, mehr Selbstbewusstsein zeigen, durfte mich nicht einschüchtern lassen!

VERNEHMUNG IN BUKAREST

Wir fuhren zum Bukarester Flughafen. Dort wurden wir in die Abfertigungshalle geführt. Dann ging es vorbei an der Passkontrolle bis zu jenen Warteschneisen, in denen die Flugpassagiere saßen. Wir passierten einen Intershop-Laden und wurden in einen Raum neben dem kleinen Flughafen-Bistro geschoben, der in weitere drei Zimmer führte. Deren Türen waren vergittert. Wir wurden in das linke Zimmer geschickt. Dort saßen bereits zwei Männer in Zivil und zwei Uniformierte mit Schusswaffen, die uns zu erwarten schienen.

Einer der in Zivil gekleideten Männer sagte etwas auf Rumänisch, worauf die Männer, die uns hierher gebracht hatten, verschwanden. Mit einer knappen Handbewegung wurde mir von einem der Herren ein Stuhl angeboten. Den beiden Männern mit den Waffen wurde eine seitlich an der Wand stehende Liege zugewiesen.

»Sie wollen also behaupten, Bundesbürgerin zu sein, mit dem Namen Gallus-Wagner, wohnhaft in Bad Wildungen?«, fragte der ältere, rundliche, sehr deutsch wirkende Typ.

»Wer sind Sie?«, wollte ich wissen. »Und weshalb haben Sie uns hierher schleppen lassen? Ich verstehe überhaupt nicht, was ich mit meinen Kindern hier soll!«

Der Rundliche schlug meine Pässe mit einem kräftigen Knall auf den Tisch.

»Ganz neu, was?«

»Mir sind meine Papiere gestohlen worden! Sie können sich in Severin erkundigen!«

»Das wissen wir. Aber denken Sie denn, die Leute von der Miliz sind blöd? Diesen Trick haben schon einige probiert. Sie sind da nicht die Erste. Wir wollen weiter nichts, als dass Sie zugeben, Frau Jutta Gallus aus Dresden zu sein. Sie haben versucht, die DDR illegal zu verlassen. Republikflucht! Sie kommen hier nicht mehr raus! Je schneller Sie alles zugeben, umso schneller kommen Sie nach Hause.«

Mir war kalt. Ich fror am ganzen Leib. Obwohl ich wusste, dass die Karten sehr schlecht für mich standen, beharrte ich auf meiner Forderung, jemanden aus der bundesdeutschen Botschaft zu sprechen.

»Das ist internationales Recht«, beklagte ich das rüde Verhalten der rumänischen Sicherheitskräfte. »Wir haben, wie Sie selbst sehen können, gültige bundesdeutsche Pässe und von daher ein Recht darauf, mit unserer Botschaft zu sprechen.«

»Verdammt noch mal!«, schrie der Deutsche. »Wollen Sie denn nicht begreifen, in welcher Situation Sie sich befinden?«

Er ordnete an, dass Claudia und Beate getrennt von mir vernommen wurden. Sie weinten und sträubten sich, weil sie Angst hatten, mir könne etwas geschehen.

»Ich verstehe Leute wie Sie nicht. Haben kleine Kinder und lassen sich dann auf solche Sachen ein und sind ...« Er hatte seinen Satz noch nicht zu Ende gesprochen, da klopfte es an die Tür. Er lehnte sich breit in seinen Stuhl zurück und brüllte: »Herein!«

Ein schmaler, eleganter Mann mit grau meliertem Haar und Ulbricht-Bart betrat den Raum. Der Rundliche stand sofort auf und begrüßte den Eindringling mit schleimigem Gruß: »Guten Tag, Herr Konsul, das ist die Frau. Ihre beiden Töchter werden gerade im Nachbarzimmer befragt.«

»So, so, Sie sind also die Ausreißerin!« Der Konsul beäugte mich durchdringend und setzte sich schräg neben mich.

»Haben Sie schon gestanden?«, fragte er sehr direkt.

»Ich möchte seit einer Stunde einen Vertreter der bundesdeutschen Botschaft sprechen, aber Sie scheinen Angst davor zu haben, von Ihren westdeutschen Kollegen eine Bestätigung meiner Identität zu bekommen.«

»Lächerlich!«, konterte der Konsul. »Liebe Frau Gallus, wir wissen genau, dass Sie schon in Severin abhauen wollten. Mit Jugoslawen. Sagt Ihnen der Name Milan nichts?«

Mir fuhr der Schreck durch alle Glieder. Waren wir die ganze Zeit beobachtet worden? War dieser Überfall vielleicht nur eine Tarnung, um uns zu überführen? Ich schwieg.

»Na schön. Wenigstens leugnen Sie nicht mehr.«

»Haben denn Ausweispapiere, ausgestellt von einer ausländischen Behörde, keinen Wert für Sie?«

»Nicht, wenn Sie gefälscht sind. Und die hier sind gefälscht. Sie sind Bürgerin der DDR. Sie haben wissentlich falsche Angaben gemacht. Hören Sie doch endlich auf, das abzustreiten! Es hat keinen Zweck! Sie befinden sich in einer Sackgasse!«

Er hatte Recht. Was hatte es für einen Sinn zu leugnen? Da kam auch schon ein Uniformierter aus dem anderen Zimmer und sagte etwas auf Rumänisch.

»Na also!« Der Konsul zündete sich einen Zigarillo an. »Ihre Kleinen haben alles gesagt. Sie wohnen in Dresden-Omsewitz und waren angeblich auf der Durchreise nach Bulgarien. Das stimmt jedoch auch nicht so ganz. Wir wissen, dass Sie mit Hilfe einer jugoslawischen Schlepperorganisation flüchten wollten. Uns interessieren jetzt die Namen. Ich hoffe, Sie verhalten sich in Zukunft ein bisschen kooperativer. Das könnte Ihre Haftzeit ein wenig schrumpfen lassen.«

Haft! Er hatte ein Wort ausgesprochen, das ich bislang eisern verdrängt hatte. Musste ich jetzt ins Gefängnis? Und meine Mädchen in ein Heim? Es war nicht auszudenken.

»Mein Vater lebt drüben, und ich wollte seit drei Jahren ausreisen. Man hat meine Anträge entweder nicht beantwortet oder abgelehnt. Da habe ich mich dazu entschlossen, auf eigene Faust zu handeln. Jetzt warten meine Angehörigen auf mich.«

»Na also!« Der Konsul pustete seinen Zigarillo-Qualm in den fensterlosen Raum. »Die alte Leier. Kennen Sie denn die Gesetze der DDR nicht? Republikflucht ist eine Straftat.«

Er quetschte mich noch eine Weile wegen der Fluchtpläne aus, ehe er mir Anweisungen für die kommenden Tage gab.

»Sie bleiben hier auf dem Flughafen, bis Sie eine Interflug-Maschine abholt. Sie übernachten hier, können sich aber im zollfreien Raum etwas zu essen und zu trinken kaufen. Aber eins sollten Sie nie vergessen. Sie werden bewacht. Drei Wachmänner der ›Securitate‹ werden Sie ständig begleiten. Sollten Sie versuchen zu fliehen oder zu randalieren, haben diese Männer die Anweisung, von der Schusswaffe Gebrauch zu machen. Es wäre doch wirklich schade um Sie!« Er betrachtete mich auffällig. »Solche Frauen wie Sie benutze ich persönlich lieber im Bett denn als Zielscheibe. Schade, dass wir uns nicht unter anderen Umständen begegnet sind.« Sein zynisches Lachen jagte mir einen Schauer über den Rücken. »Und nicht vergessen! Für die Jungs da draußen ist ein Befehl wie der andere. Und den Rumänen sitzt der Finger lose am Abzug. Das ist bekannt. Also keine Mätzchen, klar! Es kann ein paar Tage dauern.«

Ich schwieg. Ich hatte nicht den Nerv, mich mit dieser miesen Politratte anzulegen. Ein Satz von ihm war giftiger als eine ganze Kolonie Schlangen. Der hätte genauso gut den Paten für Mafia-Halunken abgeben können. Menschenrechte waren dem so wichtig wie ein Loch im Kopf. Was hätte es für einen Sinn gehabt, weiter mit ihm zu streiten?

»Tja, Frau Gallus, ich werde eine entsprechende Meldung an

unsere Staatssicherheit weitergeben. Man wird Sie und die Kinder irgendwann abholen.«

Ich blickte zu Boden, als er ging, und versuchte, meinen Zorn und meine Enttäuschung unter Kontrolle zu halten. Jetzt waren wir also rund um die Uhr bewacht. Von Leuten, mit denen wir noch nicht mal sprechen konnten. In einem Zimmer standen drei Liegen für uns. Es stank erbärmlich nach irgendwelchen Chemikalien. Und trotzdem tummelten sich dicke schwarze Käfer in den Ecken. Claudia ekelte sich. Doch der Uniformierte zuckte nur mit den Schultern. Grinsend trat er die Käfer tot. Es krachte unter seinen Stiefelsohlen. Niemand kehrte die leblosen Tiere weg. Es war alles so trist, so unwirklich!

»Mami, darf ich was fragen?« Beate wippte unruhig auf der Kante der Liege hin und her.

»Sicher, mein Schatz.« Ich nahm meine Kleine in den Arm.

»Warum müssen wir hier bleiben?«

»Genau«, unterstützte Claudia ihre Schwester. »Sind wir jetzt verhaftet?«

»Ich glaube schon.« Ich blickte in die großen glänzenden Augen meiner Kinder. Ich musste lächeln. Noch immer hielten beide ihre Äffchen ganz fest umschlungen. »Ich weiß auch nicht, was jetzt mit uns geschieht.«

»Müssen wir denn wieder zurück?«, fragte Claudia.

»Ja, ich vermute, nein, ich bin mir ziemlich sicher.«

»Und der Opa? Wartet der nicht auf uns?« Beate hatte sich so auf ihn gefreut.

Claudia zerrte an mir. Sie hatte auf einmal unbändigen Durst. In Begleitung von drei bewaffneten Sicherheitsleuten gingen wir in die kleine Bar und tranken etwas. Wehmütig blickte ich auf die vielen Passagiere hinter der Glasscheibe. Gruppe um Gruppe wurde aufgerufen. Hinter dem Glas begann die Freiheit. Dort starteten die Flugzeuge in alle Himmelsrichtungen, in die ganze Welt. Es war so gemein. Ich saß hier, durfte keinen Schritt weg, war eingesperrt, und draußen tummelte sich das Leben. Auch eine Lufthansa-Maschine stand auf dem Rollfeld. Ein paar Schritte nur entfernt. Aber ich wagte es nicht, mich zu rühren. Ohne Kinder vielleicht … Aber ich konnte doch meine Kinder nicht in Gefahr bringen. Eine Welle der Traurigkeit brach über mich herein, doch ich schluckte tapfer die aufsteigenden Tränen hinunter. Wir wurden zurück in unser Zimmer begleitet.

Claudia und Beate waren so müde, dass sie rasch einschliefen. Seite an Seite mit ihren Äffchen. Sie nahmen ihre Aufgabe sehr ernst.

Eine Waschgelegenheit gab es nur in den öffentlichen Toiletten in der Abfertigungshalle. Ich hatte auch keine Nachthemden oder Kleider zum Wechseln dabei. Unser Gepäck war noch in der Pension. Ich hatte nur meine Handtasche und die Kinder ihre Plüschtiere. Doch auch ich war so müde, dass ich trotz der unbequemen Liege bald einschlief.

Ich wachte schon sehr früh morgens auf, denn mir war eine Idee gekommen. Auf einem Zettel schrieb ich in knappen Worten meine Notlage auf. Vielleicht konnte ich die Botschaft einem bundesdeutschen Passagier mitgeben. Ich müsste mich nur etwas geschickt in dem Intershop-Laden verhalten. Dort war alles viel zu unübersichtlich, als dass die Bewacher mir wirklich so nahe kommen konnten, ohne selbst aufzufallen.

Gleich nach dem Frühstück ging ich in den Laden und tat so, als suche ich etwas in den Regalen. Ich hatte eine Lufthansa-Stewardess entdeckt, die sich in der Kosmetikabteilung etwas aussuchte und dann zur Kasse ging. Ich lief ihr hinterher und stieß sie an.

»Ich werde hier gewaltsam festgehalten! Kann nicht lange mit Ihnen sprechen! Kommen Sie bitte zu den Damentoiletten!«, flüsterte ich schnell und leise. Einer der Bewacher beobachtete mich und hob bereits seinen Kopf.

Die Stewardess drehte sich um und wollte etwas sagen. Doch ich schüttelte heftig den Kopf und drehte mich zur anderen Seite. Es hatte nur Sekunden gedauert. Aber ich hatte Angst, dass mich die Stewardess für eine Verrückte halten würde und nicht zu den Toiletten kam.

Doch zwei Minuten später erschien sie. Ich drückte ihr die Hand.

»Danke, dass Sie gekommen sind!«

»Was ist los mit Ihnen? Sie wirken ja ganz verstört! Werden Sie von jemandem bedroht?«

Ich verneinte und konnte meine Tränen kaum zurückhalten.

»Ich komme aus der DDR. Wollte in Rumänien mit meinen beiden Töchtern nach Jugoslawien und dann raus. Sie haben uns geschnappt, und jetzt sitzen wir hier fest und sollen mit einer Sondermaschine der Interflug zurückgebracht werden. Direkt ins Gefängnis!«

»O Gott, das ist ja schrecklich! So was gibt es hier auf dem Flugplatz? Könnten wir Sie nicht mitnehmen? Vielleicht – wenn ich mit dem Piloten spreche …«

»Das ist sinnlos! Ich werde bewacht. Nur in der Toilette lassen sie mich in Ruhe. Sie haben Schießbefehl, falls wir zu fliehen versuchen. Sie können mir nur helfen, wenn Sie unsere Namen und das, was mit uns geschehen ist, ans ›Amt für Innerdeutsche Beziehungen‹ in Bonn weiterleiten. Die setzen sich für Flüchtlinge aus dem Osten ein. Würden Sie das tun? Ich habe hier alles in Stichworten aufgeschrieben.«

Die Stewardess nahm die Notiz.

»Und ich kann Ihnen wirklich hier auf dem Flughafen nicht helfen?«

»Nein, das ist ausgeschlossen.«

»Ich werde den Brief bestimmt abgeben. Mein Gott, und so etwas in Deutschland! Ich kann das gar nicht fassen. Sind denn drüben die Zustände noch so schlimm?«

»Wir sind alle eingesperrt! Es ist grausam. Sagen Sie das ruhig weiter! Ich muss jetzt fort. Sonst werden die misstrauisch.«

Später sollte ich erfahren, dass sich die Stewardess tatsächlich für uns eingesetzt hatte.

Fünf Tage wurden wir auf dem Flughafen festgehalten und mussten zusehen, wie sich unzählige Fluggäste in fröhlicher Urlaubsstimmung oder mit geschäftigen, undurchdringlichen Businessgesichtern auf dem Rollfeld bewegten. Alle frei und sich gar nicht bewusst, was es heißt, frei zu sein. Nur ein paar Schritte weg von ihnen spielte sich ein Drama ab, inszeniert von den Vertretern eines krankhaften Staatsapparates, die glaubten, sich mit solchen Methoden das Volk gefügig machen zu können.

Hätte ich meiner unbeschreiblichen Wut Ausdruck verleihen können, am liebsten hätte ich sämtliche Stühle durch die großen Scheiben der Wartehalle geworfen. Stattdessen saßen wir drei müde und verschwitzt auf unseren Liegen, drehten ab und zu unsere Runden und warteten und warteten und warteten.

Fünf Tage dieselben Kleider, fünf Tage keine Dusche, kein Bad, fünf Tage nur Katzenwäsche. Und dabei hätten wir jetzt schon längst bei Onkel Martin sein sollen! Niemand sagte uns, wie alles weitergehen würde. Was würde mit unserem Auto geschehen, mit dem Gepäck?

Am 1. September war es dann so weit. Wie die Spione eines drittklassigen Agententhrillers wurden wir von einer Ostberliner Interflug-Maschine abgeholt. 150 Passagiere hätten darin Platz gefunden, sie stand jedoch nur uns und dem begleitenden Stasi-Personal zur Verfügung. Wäre nicht alles so bitterernst gewesen, man hätte darüber lachen mögen. Welcher Aufwand betrieben wurde, um eine Dresdener Mutter mit ihren zwei Töchtern wieder »heim ins Reich« zu holen! Was würden die vielen Menschen sagen, die Tag für Tag um ein paar Lebensmittel Schlange stehen mussten, wenn sie von solch einem unsinnigen Luxus erfuhren? Es war grotesk!

Claudia und Beate mussten im hinteren Teil der Maschine Platz nehmen, ich saß vorne mit drei Männern, die mich befragten. Eine junge Frau betreute die Kinder. Sie war eine Angestellte des Heims, in das die Kinder gleich nach der Ankunft der Maschine gebracht werden sollten. Brav hielten sie noch immer ihre Äffchen im Arm. Unter Aufsicht der Stasi sicherlich der originellste Devisenschmuggel aller Zeiten! Die beiden sollten ihre Plüschtiere dem ersten Verwandten, der sie besuchen kam, mitgeben. Somit war wenigstens ein Teil des Geldes gerettet. Die Kinder hatten den Äffchen bewusst keine Namen mehr gegeben, weil sie wie Soldaten einen geheimen Auftrag zu erledigen hatten.

Ein Mann mit fleischig rotem Gesicht, hellblonden kurzen Haaren und fast durchsichtigen Wimpern setzte sich dicht vor mich und stellte knappe Fragen. Er war ruhig, aber seine aufdringliche Nähe lästig.

»Sie haben doch bereits in der DDR mit einer Fluchthilfeorganisation Kontakt aufgenommen. Sie müssen sich doch erinnern, wo Sie sich getroffen haben, welche Namen fielen, was gesprochen wurde!«

»Ich kenne niemanden, das habe ich bereits Ihrem Vertreter in Bukarest gesagt.«

»Es hat keinen Zweck zu leugnen. Glauben Sie, in U-Haft gehen die so zart mit Ihnen um wie wir hier? Und wenn ich in mein Protokoll hineinschreiben muss, dass Sie lügen, macht das keinen sehr guten Eindruck auf meine Kollegen.«

»Ist es Ihnen lieber, wenn ich ein paar jugoslawische Vornamen nenne? Mirco, Dzevat, Ljubomir, Goran …«

Er grinste breit. »Ihnen werden solche Späßchen noch vergehen! Was meinen Sie, was uns dieser Transport kostet!«

Ich zuckte mit den Schultern. »Ich habe Sie, weiß Gott, nicht darum gebeten. Wenn es nach mir gegangen wäre, hätte das alles viel billiger vonstatten gehen können.«

»Die Frau ist ein richtiger kleiner Spaßvogel, da werden die in der U-Haft ihre Freude haben! In Hoheneck werden die Sie schon zum Reden bringen. Ich habe schon ganz andere auf allen vieren kriechen sehen. Drei Jahre kriegen sie mindestens! Und Ihre Kinder können Sie für die Zeit abschreiben.«

Ich wollte aufstehen, nach hinten laufen. Doch ich wurde von dem Rotgesichtigen in den Sitz zurückgedrängt.

»Nein, nein, schönes Kind, mit der Freiheit ist es jetzt vorbei. Ab jetzt bestimmen wir, wohin Sie laufen!«

»Und was geschieht mit meinen Kindern?«

»Die kommen vorerst in ein Heim.«

»Lassen Sie mich los, verdammt noch mal! Ich werde jetzt zu ihnen gehen.« Ich drehte meinen Arm in seinem festen Handgriff.

»Wenn Sie mich nicht loslassen, schreie ich, und dann kommen meine Kinder eben zu mir!«

»Überlegen Sie doch mal«, versuchte der Mann mich zu beschwichtigen. »Das macht alles nur noch schlimmer. Sie regen Ihre Kinder auf und ändern nichts an Ihrer Lage.«

Er hatte Recht, auch wenn ich nicht begreifen wollte, dass ich nicht mehr mit Claudia und Beate sprechen durfte.

Überraschend war es für die Kinder nicht. Wir hatten oft genug die Tage zuvor alles durchgesprochen. Ich hatte ihnen versichert, dass sie sicherlich nur vorübergehend in ein Heim kommen würden. Onkel Martin und Opa würden sich für uns einsetzen, und es sei nur eine Frage der Zeit, wann uns der Westen freikaufen würde. Wir müssten nur zusammenhalten, egal was passierte. Ich hatte meinen Kindern auch nicht verheimlicht, dass wir uns für eine geraume Zeit nicht mehr sehen würden und ich wahrscheinlich ins Gefängnis müsste.

Wir hatten uns alle drei auf das Schlimmste vorbereitet. Das war das einzig Gute an der langen Wartezeit. Ich blieb still sitzen und folgte den Anweisungen des Stasi-Menschen.

»Für die Kinder wird es schwer«, plauderte er ungefragt weiter. »Was haben Sie sich bloß dabei gedacht? Woher wollen Sie wissen, dass Ihre Kinder nicht viel lieber in Dresden leben? Was Sie getan haben, ist Nötigung an Ihren Kindern!«

Ich schüttelte den Kopf. »Sie und Ihre Truppe haben allen Grund, von Nötigung zu sprechen. Das ist doch Ihr Job, tagaus, tagein!«

Das Flugzeug setzte zur Landung an. Ich schluckte. Jetzt wurde es ernst. Ich stieg vorne aus, die Kinder hinten. Wir durften uns nicht verabschieden. Tränen rollten mir über die Wangen, als mir die beiden mit piepsigen Stimmen zuriefen: »Halt durch, Mami! Wir kommen dich bald besuchen. Wir schaffen es schon!«

Als ich sah, wie die Kinder schnell in einen Wagen geschoben wurden und fortfuhren, konnte ich mich nicht mehr zusammenreißen. Die Anspannung der letzten Tage, die Ungewissheit über das, was kommen würde, raubten mir die letzten Kräfte. Noch auf dem Flughafen brach ich zusammen und war wohl für einige Minuten oder auch länger bewusstlos. Als ich wieder zu mir kam, stand ein Arzt mit einer Spritze neben mir. Noch benommen hörte ich ihn sagen: »Nur eine kleine Kreislaufschwäche. Nichts Ernstes. Sie können Sie ruhig im Auto mitnehmen.«

Mir war noch schwindelig, als ich von zwei Männern behutsam hochgezogen und zu einem Auto geführt wurde.

»Wo sind meine Kinder?«, hörte ich mich fragen. »Wo habt ihr sie hingebracht?«

Die Untersuchungshaft

Die erste Nacht in Berlin verbrachte ich in der Stasi-U-Haft in der Normannenstraße. Dann ging es weiter nach Dresden in die Bautzener Landstraße. Ich wurde mit Handschellen in einen Pritschenwagen geführt, in dem es Einzelzellen ohne Fenster gab. Dort saß ich auf einer schmalen Pritsche, vor mir einen Eimer für Toilettengänge. Die Fahrt kam mir unendlich lang und holprig vor. Alles drehte sich. Was würde geschehen? Ich hatte Angst. Noch nie in meinem Leben hatte ich mit der Welt der Gefängnisse zu tun gehabt. Und jetzt war ich weggesperrt. In die Bautzener Landstraße kamen die »Politischen« in Untersuchungshaft.

Die erste Woche verbrachte ich alleine im Krankenzimmer. Ich wurde für die Verhöre hochgepäppelt. Sogar Kaffee, Schokoladenpudding und Kuchen standen auf dem Speiseplan. Doch dann begann die raue Wirklichkeit. Nackt ausziehen, Leibesvisitation, einen steifen Trainingsanzug anziehen, Fingerabdrücke abnehmen, auf einen Stuhl steigen und sich fotografieren lassen. Wie ein Schwerverbrecher!

Ich kam in eine Dreibett-Zelle. Die eine Zellenkumpanin hieß Ilse und hatte Schwarzmarktgeschäfte und Devisenschmuggel auf dem Kerbholz. Die andere, Birgit, hatte eine Schwester im Westen, die als Journalistin für eine Tageszeitung schrieb. Weil diese sich mehrfach kritisch über die Agrarwirtschaft der DDR geäußert hatte, wurde die im Osten lebende Schwester verdächtigt, Informationen geliefert zu haben. Sie war verzweifelt, weil sie dies nicht getan hatte.

»Das ist verrückt«, wiederholte sie mehrmals am Tag, »meine Schwester schreibt etwas, und ich muss dafür büßen. Das kann es doch nicht geben! Mich interessiert Politik nicht. Weder die im Osten noch die im Westen!«

Die meisten, die hier reinkamen, dachten, dass es ihre Fälle eigentlich nicht geben dürfte und sie zu Unrecht inhaftiert waren. Und doch waren alle Zellen belegt.

Nach drei Wochen Aufenthalt wurde ich fast täglich verhört. Nie so lange wie andere, sondern maximal zwei Stunden. Aber immer wurde ich dasselbe gefragt. Und ich wusste nie, wann ich dran war. Es konnte nachts sein, es konnte vormittags sein; im Prinzip zu jeder Tageszeit. Ich hatte immer denselben Vernehmer. Einen jungen schmalen Schwarzhaarigen mit blasser Haut und großen grünen Augen. Er trug immer eine Strickjacke; mal dunkelblau, mal dunkelgrün, mal dunkelgrau. Alle anderen von der Stasi erschienen meist mit Krawatte und Jackett. Nur er leistete es sich, von der Norm abzuweichen. Doch deshalb war er nicht besser als die anderen. Im Gegenteil. Ich wusste auch nach dem 20. Verhör noch nicht genau, was er eigentlich für ein Typ war. Mal war er höflich, fast sanft, dann wieder wurde er launisch wie eine Diva, polterte los, um sich im nächsten Moment zu entschuldigen. Er war vollkommen unberechenbar, und das machte ihn so gefährlich.

Er wurde nicht müde, mir immer und immer wieder dieselben Fragen zu stellen. Ich sollte den Namen der Schlepperorganisation nennen, deren mögliche Hintermänner, wie der Kontakt zustande gekommen war und und und … alles bis ins Detail. Seine Fragen kreisten immer nur um den einen Punkt.

»Wie Sie wissen, haben wir Milan in die Mangel genommen, dabei fiel auch Ihr Name. Das ist der Beweis, dass Sie mit diesen Schleppern in Kontakt standen. Ich habe ungewöhnlich viel Geduld mit Ihnen.« Er blickte mich gewollt scharf an. »Wirklich ungewöhnlich«, wiederholte er geistesabwesend. »Sie werden es vielleicht nicht verstehen, weshalb wir so viele Fragen stellen. Das ist nicht nur, um etwas zu erfahren, was wir ohnehin wissen. Wir wollen es von Ihnen wissen, wollen sehen, inwieweit Sie einsichtig sind, inwieweit Sie Ihre Straftat bereuen.«

»Straftat!«, murmelte ich abfällig vor mich hin.

»Was sagten Sie?«

»Ich habe nur Ihre eigenen Worte wiederholt. Wie soll ich etwas als Straftat bereuen, wenn ich mir noch nicht mal bewusst bin, eine Straftat begangen zu haben? Das erscheint mir alles so … ich weiß nicht, wie ich mich ausdrücken soll … so an den Haaren herbeigezogen. Es ist so ungerecht, wie wir behandelt werden. Das ist nicht normal, das ist doch schizophren!«

»Mich interessieren Ihre Phrasen nicht! Alles leeres Geschwätz! Sie wissen genau, worum es uns geht. Kommen wir zum Kern zurück. Weshalb Sie hier sind. Sie weigern sich also weiterhin, Namen, Verbindungsleute, Pläne etc. zu nennen? Das ist bedauerlich, vor allem für Sie, weil es sich auf die Höhe Ihres Strafmaßes auswirken wird. Ebenso wird es sich auswirken, dass Sie nicht bereit sind, Ihren Ausreiseantrag zurückzuziehen.«

»Warum sollte ich ihn ausgerechnet jetzt zurückziehen?«

»Sie haben Kinder! Sind die Ihnen egal?«

Der schäbige Versuch psychischen Drucks.

»Erwarten Sie, dass ich darauf antworte? Ich sitze hier, mein Lieber, weil ich um mein Recht kämpfe – wegen meiner Kinder! Um mein Recht, dort leben zu können, wo wir es wollen. Für mich hat die Idee von einem Leben in Freiheit noch eine Bedeutung. Ich will, dass es meinen Töchtern mal besser geht. Es eignet sich nicht jeder für eine Karriere als hoch dotierter Spitzel.«

»Jetzt reicht's mir aber!« Er sprang auf, packte mich am Hals und hielt meinen Kopf so fest, dass ich rot anlief und ihm ins Gesicht blicken musste.

»Erstens bin ich für Sie Herr Oberleutnant und nicht Ihr Lieber, und zweitens haben Sie wohl vergessen, wo Sie sind! Solche Zicken wie Sie haben uns hier gefehlt! Sie werden sich jetzt auf der Stelle entschuldigen. Sie werden sagen: Untersuchungshäftling Gallus entschuldigt sich bei Herrn Oberleutnant für freche Antworten.«

Ich versuchte mit einem Kopfschütteln zu verneinen. Doch er drückte so fest zu, dass ich meinen Kopf keinen Millimeter bewegen konnte.

»Nein!«, brachte ich hervor. Ich hätte mich in meinem Zorn lieber erwürgen lassen, als diesen Schwachsinn nachzuplappern.

»Na schön!« Mit massiver Wucht warf er mich so auf den Stuhl zurück, dass ich mit diesem seitlich umkippte. Ich hatte mir den Arm verletzt, und mein Hals schmerzte. Ich stand auf, rückte den Stuhl zurecht und setzte mich wieder.

»Das hätten Sie nicht von mir gedacht, stimmt's?«, versuchte er meine Gedanken zu erraten.

»Doch! Das denke ich von jedem, der bei Mielke arbeitet. Was ist daran außergewöhnlich? Kettenhunde gibt es in jeder Diktatur! Genau deshalb will ich diesen Staat verlassen. Mit meinen Kindern!«

Er stand auf und lief um mich herum. »Sie denken wohl, Sie sind besonders klug, wenn Sie mich beleidigen! Das ist ein Irrtum, Madame!« Zynisch betonte er die letzte Silbe von »Madame«. »Das werden Sie noch bereuen!«

Ich wurde abgeholt. Im Hinausgehen drehte ich mich halb um: »Wird man gut dafür bezahlt?«

»Raus!«, brüllte er.

Meine Strafe: Einen Monat lang durfte ich keinen Besuch und keine Post empfangen. Vielleicht sollte ich mir eine abenteuerliche Fluchthelfergeschichte zusammenspinnen und ihnen davon erzählen. Ausführlich und mit vielen erfundenen Namen. Vielleicht würde man mich dann in Ruhe lassen.

Nach diesem Verhör in muffiger Atmosphäre genoss ich den Freigang. Die frische Luft kam mir wie ein Ostseebad an einem heißen Sommertag vor. Es kam eben alles nur auf die Perspektive an!

In meiner Zelle hatte sich nichts geändert. Im Flur knallten die Stiefelabsätze auf den Fliesenböden, ab und zu ging der Spion auf, und die Männer in ihren Uniformen versuchten, etwas zu sehen, was sie von ihrem grauen Alltag ablenken konnte. Ob man auf der Toilette saß, sich morgens den nackten Oberkörper wusch, immer ging zur richtigen Zeit fast lautlos der Spion zur Seite, um irgendeinem Voyeur die Sicht freizugeben.

Es war demütigend, weil es für die Inhaftierten keine Möglichkeit gab, sich dem Auge im Spion zu entziehen. Menschenwürde im Sozialismus!

Als ich mich beim nächsten Verhör über diese Zustände beschwerte, lachte der Vernehmer nur: »Ach wissen Sie, in lateinamerikanischen Gefängnissen würde man Sie den geilsten Typen zur Vergewaltigung anbieten. So lange, bis Sie nicht mehr Ihren Namen buchstabieren könnten. Und Sie beschweren sich, wenn einer mal guckt. Außerdem bestreiten das die Aufseher. Es ist schließlich ihre Pflicht, Gefangene zu überwachen. Das ist nun wirklich kein Grund zur Beschwerde.«

Ich war jetzt schon zehn Wochen in Untersuchungshaft und hatte immer noch keine Ahnung, wo meine Kinder steckten.

Mittlerweile hatte ich mir, wie die anderen, das »Klopperalphabet« angewöhnt. Nachts, wenn alles still war, hörte man Klopfgeräusche, als ob Spechte in den Wäldern aktiv wären. Das Klopfen an die Wände war wie morsen. Man konnte sich mit den fremden Zellennachbarn verständigen, versuchen, von Wand zu Wand etwas über das Schicksal anderer zu erfahren. Diese Wandpost war verboten, doch jeder versuchte, sich irgendwie zu verständigen. Meine Fingerknöchel waren schon wund gescheuert, aber ich wollte möglichst viel wissen. Neben mir lag eine Frau, Heidi, die ihr Kind vermisste und die Stasi beschuldigte, die Ermittlungen zu behindern. Sie war eines Tages verschwunden. Wahrscheinlich war ihr der Prozess gemacht worden. Keiner wusste genau, wann es losging.

Es war so deprimierend, nichts von den Kindern zu hören. Mein Leben nach außen war die ersten Wochen wie abgeschnitten. Man sollte mürbe gemacht werden. Nur wenn ich vor Kummer nichts essen und trinken wollte, wurde ich besser behandelt. Sie machten sich tatsächlich Sorgen. Wollten nicht, dass sich jemand das Leben nahm. Machten einem Mut für die Zukunft. Gaben einem Hoffnung, dass man bald was von der Familie hören würde.

Deshalb freute ich mich auf den ersten Besuch meines Bruders. Er war sicher über alles, was sich draußen ereignete, gut informiert.

»Mensch, Jutta, du im Knast! Ich fass das nicht! Hast auch schon besser ausgesehen!«

Ich verzog genervt die Mundwinkel. »Kannst dich mal wieder nicht zurückhalten, was? Sag mir lieber, wo meine Mädchen sind. Ich werde noch wahnsinnig! Kein Mensch will mir sagen, wo sie sind. Ich kann ihnen nicht schreiben und auch keine Post bekommen. So lange, bis ich verurteilt bin. Man könnte hier manchmal platzen! Weißt du etwa auch nicht, wo sie sind?«

»Doch, klar!«

»Na?«

»Sie sind in einem Kinderheim in Munzig. Ich habe übrigens ihre Äffchen in Obhut genommen!«

Ich schmunzelte. Wir unterhielten uns noch eine Weile über belanglose Sachen, Gartenarbeit, seine Pläne für den Umbau, wie es dem Hund geht.

Gegen Ende der Sprechzeit durfte ich meinen Bruder in den Arm nehmen. Ich drückte ihn an mich. »Vielen Dank für die Schleckereien und grüß alle schön! ... Und komm wieder, sobald du kannst!«

»Klar! Halt die Ohren steif! Wird schon nicht so schlimm werden. Manche kommen mit zwölf Monaten davon, hab ich gehört!«

Dann mussten wir uns trennen.

Als ich zum nächsten Verhör antreten musste, schien mein Vernehmer – dieses Mal trug er die grüne Strickjacke – außergewöhnlich gut gelaunt zu sein. Statt mich zu löchern, hatte er angeblich eine Überraschung für mich.

»Ihre älteste Tochter hat doch bei einer Fernsehserie mitgewirkt. Ist das richtig?«

Ich wunderte mich. Was interessierte ihn das? Claudia war unter mehreren hundert Mädchen, die sich um diese Rolle beworben hatten, ausgesucht worden. Ein Fernsehteam hatte einen ganz gewissen Typ gesucht und war auf Claudia gestoßen. Sie war außergewöhnlich hübsch und hatte eine hervorragende Aussprache. Über ein halbes Jahr hatte sie fast täglich an den Dreharbeiten für eine lustige Familienserie mit dem Titel »Geschichten übern Gartenzaun« mitgewirkt. Die Erlebnisse einer allein stehenden Mutter mit ihren vier Kindern in einer Schrebergartenidylle waren der Kern der Geschichte. Claudia spielte eines der Mädchen. Auch Beate spielte später in einer Nebenrolle mit. Aber was hatte das mit meinem Vernehmer zu tun?

»Weshalb erzählen Sie mir das?«, fragte ich.

»Heute Abend wird der erste Teil der Serie im Fernsehen ausgestrahlt. Ich habe mir gedacht, es würde Ihnen vielleicht Spaß machen, sich den Beitrag anzusehen.«

Ich wusste nicht recht, wie ich mich verhalten sollte. »Was muss ich dafür tun?«, fragte ich provozierend.

»Nichts!«, antwortete er ebenso. »Ich habe auch eine Tochter in diesem Alter, und ich dachte mir, das wäre schön für Sie. Aber Sie müssen natürlich nicht!«

»Doch, ich werde Ihr Angebot annehmen! Aber falls Sie irgendetwas damit bezwecken wollen, vergessen Sie's lieber, Herr Oberleutnant.«

Er lachte. »Entweder Sie sind naiv oder Sie sind ganz schön kess, aber das finde ich noch raus. Sie erlauben sich eine Menge. Dafür würden andere eingesperrt. Aber bei Ihnen macht es mir mehr Spaß, Sie zappeln zu lassen.«

»Wann ist mein Verfahren?«

Er zuckte mit den Schultern und schnalzte mit der Zunge. »Vielleicht in einem, vielleicht in zwei oder drei oder vier Monaten, das kommt darauf an, wann ich meine, dass die Verhöre beendet sind. Vielleicht kann ich Sie ja doch noch umstimmen, und Sie nehmen den Ausreiseantrag zurück, versprechen, in der DDR zu bleiben. Dann kann ich mich enorm für Sie einsetzen. Wenn ich will«, antwortete er, die drei letzten Worte betonend.

»Und wenn ich nicht will?«, entgegnete ich.

»Dann werden Sie verurteilt, ganz einfach. Kommen für drei oder auch mehrere Jahre in den normalen Strafvollzug. Nett ist es da nicht. Auch der Umgang ist nicht so höflich wie bei uns, aber es liegt ja an jedem Einzelnen. Wenn Sie Pech haben, sind Sie schon Oma, bis Sie da wieder rauskommen. Es ist ein Ammenmärchen, wenn Leute wie Sie glauben, gegen Devisen freigekauft zu werden. Bei uns ist niemand erpressbar. Und wenn wir es für richtig halten, dann bleiben die Leute da, wo sie sind.«

Er packte Schokoladenpralinen aus und bot mir auch eine an.

»Nein, danke!«, fauchte ich.

»Sie sind stolz. Spielen sich auf. Denken Sie denn, Sie könnten damit jemanden beeindrucken?« Er verschränkte seine Arme, wohl um Stärke zu demonstrieren.

»Was ist denn jetzt mit dem Fernsehen? Wann fängt die Serie an?«

»Um halb acht.«

Ich wollte mir nichts anmerken lassen. Aber ich glühte vor Freude, als der Film begann. Mein Herz hüpfte. Endlich würde ich meine Töchter wiedersehen. Beate spielte auch eine Komparsenrolle. Woher nur kam diese menschliche Geste bei meinem Vernehmer? Ob er befördert worden war? Im Augenblick war es mir egal, weshalb mir dieses Privileg zuteil wurde. Ich genoss es in vollen Zügen, und mir kullerten dicke Freudentränen über die Wangen, als meine Claudia auf dem Bildschirm lächelte, weinte, Schabernack trieb und ihre Fernsehmutter mit allerhand Charme und Witz zur Seite stand. Meine Tochter! Ein richtiger kleiner Fernsehstar!

Am liebsten hätte ich den Film, der eine Stunde lief, mit auf die Zelle genommen und immer wieder angesehen. Doch stattdessen musste ich gleich wieder zu meinem Vernehmer.

»Und? Hat er Ihnen gefallen?«

»Ja!«

»Ihre Kleine ist niedlich. Wird mal genauso hübsch wie die Mutter«, schmeichelte er.

»Was wollen Sie? Irgendwie fehlt bei Ihnen die Pointe! Der Schlussakkord!«, lästerte ich.

»Ich kann mir vorstellen, dass Sie damit nicht klarkommen. Aber ich habe heute keine Lust, mich mit Ihnen verbal herumzuprügeln. Wirklich nicht. Sie glauben mir immer noch nicht.«

Er grinste breit und durchbohrte mich mit seinen Augen. »Ich wollte Sie nur daran erinnern, was Sie für eine nette Tochter haben. Und was Sie aufs Spiel setzen, wenn Sie sich weiter so störrisch verhalten. Ihren Kindern geht es doch gut. Wer kann schon von sich sagen, ein Kinderstar zu sein? Was sollen Ihre Kinder in der BRD anfangen? Sie werden entwurzelt sein, werden sich nach ihren alten Freunden sehnen, werden dort vielleicht auf die schiefe Bahn geraten. Denken Sie mal an Rauschgift, an Prostitution und was es dort noch so alles gibt. Wir wollen nicht zuschauen, wie zwei Mädchen ins Unglück rennen, nur weil ihre Mutter den Tick hat, in der BRD leben zu wollen. Gehen Sie zurück zu Ihren Kindern, wo eine Mutter hingehört!«

Also doch! Das war die psychologische Nummer! Wir sind doch nicht so! Ist doch alles prima! Sie brauchen doch nur zu unterschreiben, dass Sie nicht ausreisen wollen! Wahrscheinlich waren schon die ersten Anfragen von den westlichen Behörden eingetroffen, und nun kam der Herr Oberleutnant ins Schleudern. Würde ich meinen Ausreisewunsch zurücknehmen, würde man drüben meinen Fall ad acta legen. Und was würde mich hier erwarten? Sicher würde ich ewig als schlechtes Beispiel auf der Liste stehen. Und meine Kinder würden sich von mir entfremden. Außerdem wollte ich mich nicht beugen. Ich hatte so oft, auch jetzt, von anderen gehört, dass es sich auszahle, stur zu bleiben.

»Nein!« Ich schüttelte den Kopf. »Ich werde die Ausreiseanträge für Claudia, Beate und mich nicht zurücknehmen! Es bleibt alles so, wie es ist.«

Der Vernehmer bemühte sich, einen ratlosen Eindruck zu machen.

»Sie werden es noch so weit treiben, dass man Ihnen das Sorgerecht entzieht. Denn auf solch eine egoistische Mutter, wie Sie eine sind, können Kinder im Allgemeinen leicht verzichten. Ich habe Ihnen vorhin schon angedeutet, dass wir nicht tatenlos zusehen, wie Sie Ihre Kinder ins Unglück stürzen.«

»Wenn Sie sich selbst reden hören könnten, würden sich Ihre Stimmbänder im Hals verknoten!«

»Bevor Sie sich ins Unglück reden, lasse ich Sie lieber entfernen. Gute Nacht! Schlafen Sie gut! Und denken Sie mal an Ihre Töchter und was ich Ihnen gesagt habe. Falls Sie allerdings Ihre Meinung nicht ändern, legen Sie ja bestimmt auch keinen Wert mehr darauf, die anderen Folgen der Fernsehserie zu sehen.«

»Ich richte mich da selbstverständlich nach Ihrem momentanen psychologischen Auftrag«, konterte ich.

»Sie werden es noch bitter bereuen, solch eine spitze Zunge zu haben. Aber heute habe ich keine Lust, mich von Ihnen provozieren zu lassen.«

Beim nächsten Gespräch erfuhr ich, dass sich meine angebliche Straftat auch auf den Rest der Familie auswirke. Sippenverfolgung – wie bei den Nazis! Der Sohn meiner Schwester durfte seine Taucherausbildung an der Havel während der Armeezeit nicht beenden. Das wurde gemacht, um innerhalb der Familie Zwietracht zu säen. Sie sollten sich gegen mich stellen.

Das Urteil und Hoheneck

Manfred Kurze, Vorsitzender des Kreisgerichts Dresden, verlas mit einem näselnden sächsischen Tonfall das Urteil. Er war so beklemmend still im Gerichtssaal, dass man meinte, das Knistern der Luft zu hören. Es dauerte und dauerte und wollte nicht aufhören.

Im Namen des Volkes:
In der Strafsache gegen Gallus, geb. Malorny, Jutta Hildegard, geboren am 19. Oktober 1946 in Dresden, wohnhaft Dresden, Warthaer Str. 110, wegen versuchten ungesetzlichen Grenzübertritts hat die Strafkammer des Kreisgerichts Dresden, Stadtbezirk Ost, in der Hauptverhandlung vom 3. und 4.1.1983 für Recht erkannt:
Die Angeklagte Gallus wird wegen versuchten ungesetzlichen Grenzübertritts im schweren Fall – Verbrechen gemäß §§ 213 Abs. 2 und 3 Ziff. 4 u. 5, Abs. 4,21, Abs. 3 StGB – zu einer Freiheitsstrafe von drei Jahren verurteilt. Aktenzeichen: S 221 – 144/82 Ost.
Gründe:
Die Angeklagte nimmt seit mehreren Jahren zu unserer sozialistischen Staats- und Gesellschaftsordnung eine ungefestigte Haltung ein. 1975/76 befasste sie sich zum ersten Mal mit Gedanken an eine Übersiedlung in die BRD. In der Folgezeit unterlag sie zunehmend den negativen ideologischen Einflüssen imperialistischer Rundfunkstationen. Diese Entwicklung führte zu einer immer massiveren Ablehnung von Teilbereichen unserer Gesellschaft.
Davon ausgehend, ist die Angeklagte der versuchten rechts-

widrigen Nichtrückkehr in die DDR (§ 213 Abs. 2,21 Abs. 3 StGB) schuldig. Sie war entschlossen, von einem staatlich genehmigten zeitweiligen Aufenthalt außerhalb der DDR nicht in unsere Republik zurückzukehren. Sie wollte sich in die BRD begeben und dort ständigen Wohnsitz nehmen. Da sie bei der Tat bewusst und zielgerichtet wirkte, liegt ein schwerer Fall des verletzten Gesetzes gemäß § 213 Abs. 3 Ziff. 5 StGB vor. Hinzu kommt als weiteres Erschwernismerkmal § 213 Abs. 3 Ziff. 4 StGB. Die Angeklagte hat diesbezüglich durch mehrfache wissentlich falsche Angaben bewirkt, dass es zur Ausstellung von Passersatzdokumenten durch die Botschaft der BRD in Bukarest kam. Derartige Dokumente sind Urkunden im Sinne des Gesetzes. Sie hat folglich den versuchten ungesetzlichen Grenzübertritt auch mittels vollendeter Falschbeurkundung (§ 242 StGB) begangen. Da deren krimineller Charakter mit dem zuletzt genannten Erschwernismerkmal des § 213 StGB bereits ausreichend erfasst wird, ist für eine tateinheitliche Anwendung beider Tatbestände kein Raum. Die Angeklagte muss sich folglich wegen versuchten ungesetzlichen Grenzübertritts im schweren Fall – Verbrechen gem. §§ 213 Abs. 2 u. 3 Ziff. 4 u. 5, Abs. 4,21 Abs. 3 StGB – strafrechtlich verantworten.

Ihr strafbares Verhalten ist gesellschaftsgefährlich. Es war unter Berücksichtigung der konkreten Begehungsweise objektiv geeignet, einmal dem Ansehen der Deutschen Demokratischen Republik bei der diplomatischen Vertretung eines kapitalistischen Staates Schaden zuzufügen und zum anderen auch unsere freundschaftlichen Beziehungen zur Sozialistischen Republik Rumänien zu stören. Die Angeklagte hat mit der Tat die ihr in der SR Rumänien entgegen-

gebrachte Gastfreundschaft in grober Weise missbraucht. Hinzu kam, dass sie in dieses gesamte Vorhaben auch die zwei minderjährigen Kinder einbezog und zu bewusst falschen Angaben veranlasste. Dies kennzeichnet ebenfalls ihre Gewissenlosigkeit bei der Verfolgung des angestrebten Zieles. Der Angeklagten war schließlich auch hinreichend bekannt, dass Straftaten dieser Art durch imperialistische Massenmedien gezielt aufgegriffen und ausgenutzt werden, um die ideologische Diversion gegen die DDR zu verstärken. Als ebenfalls schulderschwerend anzusehen sind die Motive und Beweggründe für das strafbare Verhalten. Sie handelte aus einer insgesamt negativen Einstellung zu unserer sozialistischen Staats- und Gesellschaftsordnung. Sie hat damit dem Staat den Rücken gekehrt, der ihr wie auch den Kindern jederzeit gesicherte Bildungs- und Arbeitsmöglichkeiten gewährleistete. Die durch die dargelegten Umstände charakterisierte Tatschwere erfordert die vom Vertreter des Staatsanwaltes des Bezirkes Dresden beantragte Freiheitsstrafe von drei Jahren. Nur mittels einer Strafe dieser Höhe kann dem verbrecherischen Verhalten der Angeklagten mit notwendigem Nachdruck begegnet werden. Der Umstand, dass die Angeklagte nicht vorbestraft ist, fand ebenso wie die bisher im Wesentlichen ordnungsgemäße Erfüllung ihrer Arbeitspflichten bei der Festsetzung der Höhe dieser Strafe bereits ausreichend Beachtung.
Die Angeklagte ist folglich – wie geschehen – zu einer Freiheitsstrafe von drei Jahren zu verurteilen!

Drei Jahre also! Wegen Republikflucht! Dies war alles, was mir von diesem unsäglichen Auftritt des Richters haften blieb. Drei Jahre!

Meine Strafe sollte ich, wie fast alle weiblichen politischen Häftlinge, in der Strafvollzugsanstalt Stollberg/Hoheneck absitzen. Für mich war das Strafmaß unfassbar. Wie konnte ein Mensch wegen nichts, aber auch gar nichts so lange hinter Gitter gesteckt werden? Ich hatte niemanden beleidigt, niemandem etwas weggenommen, niemanden verletzt. Ich hatte nur eins der vielen Menschenrechte, deren Durchsetzung schließlich auch die DDR unterschrieben hatte, wahrnehmen wollen. Dafür sollte ich drei Jahre in Haft, sollte drei Jahre von meinen Kindern getrennt sein.

Ich lebte in einer Diktatur! Nie zuvor war mir das so schmerzlich bewusst geworden wie in diesem Schauspiel von Gerichtsverhandlung. Ein Gericht, das in Wahrheit nicht Recht sprach, sondern als Sprachrohr politischer Macht missbraucht wurde. Die Justiz in den Händen einer Partei, die sich zum Richter über Menschen und deren Meinungen aufspielte! Wie sonst hätte es jemals zu solch einem Urteil kommen können? Und ich war kein Einzelfall. Tausenden erging es ähnlich. Aber richtig weh tat eine Diktatur nur, wenn man selbst betroffen war, wenn man wie ich in den Netzen der Verfolgung hing. Zappelnd, ängstlich, grimmig, wütend, vor allem aber ohnmächtig!

Ich dachte an früher. Sicher, man hatte gegen die Mauer gewettert, dagegen, dass es keine Reisefreiheit gab, aber man hatte es irgendwie akzeptiert und toleriert. Das Paradies auf Erden bot kein Staat. Über die 1.-Mai-Paraden und die sozialistischen Parolen an Schulen und öffentlichen Gebäuden hatte man seine Witze gerissen, und die Regierung nahm ohnehin nur diejenigen ernst, die dazu verpflichtet waren. Man versuchte, im Alltag einigermaßen über die Runden zu kommen. Ein bisschen Familie, ein Sparkonto für den Trabi oder Lada. Schwarzmarktschnüffeleien, eine kleine Wochenend-Datscha an irgendeinem See, das war es, wofür man sein Leben einrichtete. Da spürte man die Diktatur nicht so direkt, sie spielte sich vorwiegend da ab, wo die Fahnen wehten und der Politzirkus auftrat. Jeder zog irgendwie seine Kreise innerhalb eines eisernen Rahmens. Parkte sich und seine Persönlichkeit in eine Nische. Doch wehe, man stieß an die Grenze oder wollte sie gar überspringen! Dann war man von einem Tag auf den anderen der Willkür einer Unterdrückermafia ausgesetzt.

Doch ich gab die Hoffnung nicht auf, dass sich der Westen für mich einsetzen würde. Meine Verwandten und die zuständigen Behörden würden nicht lockerlassen. Dessen war ich mir sicher. Und das machte mir auch das Leben als Strafgefangene Gallus leichter.

Am 5. Januar sollte es nach Hoheneck losgehen. Ich wurde zum Sammeltransport in die Dresdner Polizeistation Schießgasse gebracht. Nachts führte man alle Gefangenen, »Politische« und Schwerstkriminelle gemischt, wie Schwerverbrecher mit Handschellen aneinander gefesselt, zu einem Eisenbahnzug, dem so genannten »Otto-Grotewohl-Express«. Die Fahrt war langsam und entsetzlich lang.

Ich wurde in Zelle 56 eingewiesen, in die mittlere Ebene eines Dreierbettes, da, wo die Oberlichter ein wenig Tageslicht erahnen ließen. 24 Frauen waren in dieser Großraumzelle untergebracht. Alle Altersstufen, alle Charaktere, von zickig bis scheu, von vulgär bis vornehm, von aufdringlich bis bescheiden. Etwa ein Drittel saß wegen politischer Delikte, der Rest hatte gestohlen, Urkunden gefälscht oder ein Menschenleben, meist Kinder, schwer verletzt oder auf dem Gewissen.

Die hygienischen Verhältnisse waren kaum besser als in einem Schweinestall. In der Mitte des Raumes lag der so genannte Nasszellenbereich. Zwei offene Toiletten für 24 Frauen und ein Waschtrog mit vier Hähnen.

Jeden Morgen dieselbe Drängelei, jeden Morgen derselbe Anblick. Nackte Hintern und ein bestialischer Gestank. Denn das mit Hormontabletten durchsetzte Essen hatte seine Wirkung auf den Verdauungstrakt. Es war viehisch, unmenschlich und demütigend, und das sollte es wohl auch sein. Die U-Haft war dagegen ein Sanatorium. Mir lief jedes Mal ein eiskalter Schauer über den Rücken, wenn ich morgens aufwachte und an den Kampf um eine Toilette oder ein Stück Schmierseife am Waschtrog dachte. Die letzten Tage hatte ich mich abdrängen lassen, war immer die Letzte und ließ mich von anderen auslachen.

Ich hätte mich am liebsten in mein Bett gelegt und drei Jahre geschlafen. Ein Trauma! Hier kam keiner mehr gesund raus. Hier war das Leben zu Ende. Reduziert auf das nackte Überleben, auf ein Hülsendasein, leer und so erbärmlich erniedrigend.

Mehr als Stockhiebe schmerzte es, dass die eigene Persönlichkeit Schicht um Schicht abgebaut wurde, bis jeder gelernt hatte, ein Niemand zu sein. Ein Wesen, das sich selbst nicht mehr Mensch nennen mochte, das sich selbst nicht mehr lieben konnte. Der Hass auf jene, denen wir unseren Aufenthalt hier zu verdanken hatten, richtete sich plötzlich gegen einen selbst oder die Mithäftlinge. Meist völlig unmotiviert und völlig unsinnig.

»Du bist ein Spitzel, eine, die uns aushorchen soll!« Mit diesen Worten hatte sich mir am vierten Tag eine Frau aus meiner Zelle entgegengestellt und mich an den Haaren gerissen, dass ich für Augenblicke glaubte, skalpiert zu werden. Man musste nicht nur vor dem Wachpersonal, den »Wachteln«, Angst haben, sondern auch vor denen, die mit auf der Zelle waren. Es waren 24 Höllen, die da aufeinander prallten. Jede giftiger und galliger als die andere. Der Tod schien aus dieser Perspektive eine Oase der Ruhe zu sein. Stundenlang lag ich abends nach der Arbeit wach in meinem Bett und dachte darüber nach, wie ich dieses Leben überwinden konnte.

Am meisten machte ich mir darüber Sorgen, dass mir Claudia und Beate vielleicht doch eines Tages die Schuld geben würden. Sicherlich schaffte die Stasi genug Leute herbei, die ihnen das unmögliche, ja staatsverbrecherische Verhalten ihrer Mutter nahe brachten. Doch ich wollte mich unter keinen Umständen unterkriegen lassen, wollte strebsam mein Ziel verfolgen. Der Westen ruft! war meine Parole, und ich hämmerte mir jeden Tag folgende Sätze ein: Ich werde da durchkommen! Ich werde nicht resignieren! Ich werde erhobenen Hauptes da durchkommen! Ich werde mir trotz allem meine Persönlichkeit, meine Meinung bewahren! Ich komme da raus! Die »Wachteln« müssen hier bleiben! Ich komme raus in den Westen! Ich werde rauskommen! Ich werde rauskommen! Ich werde rauskommen!

Wie ein Stoßgebet schrie ich mir diese Sätze ins Gehirn und ballte dazu die Fäuste. Nein, ich würde niemanden unnötig provozieren, mich aber auch nicht provozieren lassen.

Und ich betete darum, dass meine Kinder eines Tages begreifen würden, dass ich das, was ich tat, tun musste. Auch um als Mutter und Vorbild nicht zu versagen.

Ich war dem Arbeitskommando »Planet zwei« zugeteilt. Hier wurde Bettwäsche, meist weiche Biberbettwäsche, genäht. Für westliche Versandhäuser. In den schönsten Farben und Mustern, wie man sie nicht mal in Berliner Warenhäusern fand. Auch Spannbettlaken wurden gefertigt.

Ich hatte mich mittlerweile mit Elke angefreundet, auch eine »Politische«. Eine intelligente, witzige Frau, die dieselbe Einstellung hatte wie ich. Nur nicht unterkriegen lassen! Ihr Hass gegen die DDR war noch viel stärker als bei mir. Ihr Bruder war vor vier Jahren an der Grenze bei Lübeck erschossen worden. Von hinten! Mit mehr als 20 Pistolenschüssen feige niedergestreckt. Sie hatten den Leichnam verbrannt, um die Spuren zu vertuschen. Aber

Elke hatte nachgeforscht und eine Aussage von einem Grenzposten erzwungen. Nötigung!

Elke wurde von allen »Fussel« genannt, weil sie dazu eingeteilt war, Stoffballen zu holen und zurechtzuschneiden. Das fusselte so sehr, dass sie ständig von oben bis unten mit Fasern bedeckt war.

Rein äußerlich war Fussel eher das Gegenteil von mir. Sie war klein, drahtig, hatte eine pfiffige Zahnlücke und trug eine blonde freche Kurzhaarfrisur. Die Frau hatte Humor und konnte mindestens ebenso zynisch sein wie die »Wachteln«. Das imponierte mir, und ich spürte, wie gut mir diese Freundschaft tat. Die meisten jammerten, waren depressiv, verschlossen oder ließen ihre Gefühle an anderen aus. Aber was hatte das für einen Zweck? Fussel und ich waren davon überzeugt, den richtigen Weg zu gehen.

»Wer durch die Hölle geht, muss Hitze abkönnen. Lassen wir uns ein bisschen schmoren! Das härtet ab. Entweder du gehst kaputt, oder du kommst stärker raus, als du reingegangen bist«, sagte sie jedem Neuzugang, und das machte Mut. Ich war froh, sie zur Freundin zu haben. Mit jemandem befreundet zu sein festigte die eigene Position in der Zellenhierarchie.

»Ich werde mir drüben einen reichen Mann angeln«, scherzte Fussel, wenn sie nach ihrer Zukunft befragt wurde.

»Ehrlich, das steht in meiner Hand geschrieben.« Sie hob bedeutungsvoll ihre Handfläche und zeigte auf einen winzigen Ast, der sich seitlich der Mittellinie dahinschlängelte. Sie war erst 28 Jahre alt, ungebunden, hatte als Krippenerzieherin Säuglinge bis zum dritten Lebensjahr hochgepäppelt.

»Ich habe mindestens schon einhundert Lütten beigebracht, aufs Töpfchen zu gehen und mit Messer und Gabel zu essen, sie also zu zivilisierten Menschlein erzogen. Jetzt habe ich genug gearbeitet. Ehrlich«, sagte sie, »ich will irgendwo reinheiraten und mich verwöhnen lassen. Schiet Emanzipation! Was hast du davon? Doppelstress! Ich hab das doch mitgekriegt, wie die Mütter mit den Kleinen jeden Morgen um sechs Uhr angetanzt sind. Fix und fertig waren die alle! Und die Lütten hatten auch nischt Gutes. Die mussten auf Kommando fressen, scheißen und schlafen – auf gut Deutsch gesagt. Jeden Tag derselbe Rhythmus. Planwirtschaft! Genau nach Uhrzeit. Da durfte keiner aus der Reihe tanzen. Grässlich!«

»Wie lange hast du den Job gemacht?«

»Fünf Jahre! Da lernt man 'ne Menge über Menschen. Die schlimmste Zeit war, wenn die Kleinen auf den Topf umgestellt wurden. Die wurden richtig festgehalten, gezwungen, zu einer bestimmten Uhrzeit ihren Haufen zu setzen. Belohnt wurde der, der am schnellsten fertig war. Der durfte dann schon spielen. Bestraft wurde der, der am längsten brauchte. Durfte eben nicht spielen, musste so lange sitzen bleiben, bis das Häufchen kam. Nach einer Weile klappte die Verdauung der Lütten wie der Reflex beim Pawlow'schen Hund. Sie brauchten nur die Töpfchen zu sehen, schon flutschte es. Der sozialistische Biorhythmus à la Margot Honecker, ein Beispiel für Breitbanderziehung. Gleichmacherei vom Hirn bis in den Darm! Am meisten taten mir die Kinder Leid, die auch noch in den Ferien abgeschoben wurden. Wenn sich einer einen Hund anschafft und den jeden Tag in ein Tierheim bringen würde, würde jeder sagen: Der spinnt doch! Aber bei Kindern ist das alles normal. Eigentlich haben wir die großgezogen. Im Grunde waren die nur Gäste bei ihren Eltern und noch nicht mal willkommen. Wenn ich mal Kinder habe, gebe ich die nicht ab, das weiß ich genau.«

Ich genoss es, mit Fussel zu plaudern. Sie war so erfrischend direkt und konnte stundenlang plappern. Da lief die Zeit wie im Flug. Zu Wort kam man jedoch selten bei ihr. Sie hatte ein

Temperament wie ein frisch aufgezogener Brummkreisel. Hopste herum, animierte zu Aerobic, sang heiße Westschlager, lag ständig im Clinch mit den »Wachteln«.

Einmal trieb sie es zu weit. Sie sang irgendeinen amerikanischen Hit, als eine »Wachtel« wutentbrannt die Zelle stürmte und sie anbrüllte: »Aufhören! Oder Sie kommen in die Absonderung!« Die »Absonderung« waren Zellen ohne Fenster, winzig klein, in denen man isoliert war und auf dem Boden schlafen musste. Deshalb wurden sie auch »Bodenschläferzellen« genannt. Ungehorsam, freche Antworten oder Naschen auf der Zelle waren die häufigsten Gründe, weshalb man weggeschlossen wurde.

Worauf Fussel die »Wachtel« anblitzte, die Hände in die Seite schob und so laut die Internationale sang, dass sich ihr Hals aufblähte, als die Töne herausquollen. Es musste über alle Flure geschallt haben:

»Völker, hört die Signale! Auf zum letzten Gefecht!
Die Internationale erkämpft das Menschenrecht.
Schickt uns Stasi und Wachteln,
sperrt uns ein ins finstre Loch!
Wir wollen aber frei-ei-ei sein, denn das ist unser Recht!
Wir wollen aber frei-ei-ei sein, denn das ist unser Recht!«

Frau Oberleutnant, ein schrotiges Mannweib, lief vor Zorn rot an und holte Verstärkung. Zu dritt führten sie Fussel ab. Keiner wusste die nächsten 14 Tage, was mit ihr geschehen war. Dann kam sie wieder. Dünner, müder, abgeschlafft, aber immer noch mit einem breiten Grinsen im Gesicht.

»Ich wollte eben mal alleine sein«, war ihr einziger Kommentar. Außergewöhnlich wenig für die redselige Elke.

Doch nach ein paar Tagen stand ihr schon wieder der Sinn nach neuem Schabernack. Sie wollte eine Zellenparty geben. Dieses Mal ohne Gesang, aber mit Schleckereien. Dabei war es strengstens verboten, auf den Zellen zu essen. Aber die meisten probierten es. Mindestens einmal im Monat wurde Knastkuchen gebacken oder jemand organisierte Eierpfannkuchen aus der Küche. Die meisten trugen die heißen Pfannkuchen auf dem Rücken in die Zellen und hatten dann runde rote Flecken auf der Haut. Für das Rollkommando, das zweimal die Woche zu unterschiedlichen Zeiten über die Zellen fegte, war es dann leicht, den Übeltäter ausfindig zu machen. Alle mussten sich nackt ausziehen, und die mit den Flecken kamen für ein, zwei Tage in die Absonderung.

Obwohl die »Bodenschläferzellen« denkbar unbequem waren, genoss ich es hin und wieder, alleine zu sein. Am längsten wurde ich weggesperrt, als ich mich weigerte, in der Knastbücherei zu arbeiten. Wenn man ständig mit einer Horde Frauen zusammenleben musste, hatte die Einsamkeit etwas Erholsames. Man hatte Zeit, nachzudenken, sich zu sammeln. Viele wurden allerdings auch depressiv. Nicht selten redeten die Frauen wirres Zeug, wenn sie aus der Isolation kamen. Ich war nicht so anfällig. Ich hatte mein persönliches Heilmittel dagegen: Meinen kleinen Talisman, den ich immer bei mir trug und der jede Razzia überstand. Es war ein winzig kleiner Zettel, den ich, in Watte verpackt, im Ohr trug. Auf ihm stand in Miniatur-Schrift folgender Spruch:

Denn es ist klar,
dass die Zukunft
nicht den Zaudernden gehört,
sondern denen,
die, ohne schwach zu werden,
das durchstehen,
wofür sie sich einmal entschieden haben.

Diese Worte des französischen Humanisten Romain Rolland, den ich als Menschen und Schriftsteller seit meiner Jugend schätzte, gaben mir den nötigen Halt, dies alles zu überstehen. Wenn es einmal so weit war, dass die Verzweiflung übermächtig zu werden drohte, brauchte ich mit der Hand nur über mein rechtes Ohr zu fahren und wurde ruhig. Ich holte dann tief Luft und spürte, dass alles nur eine Frage der Zeit war. Bald würde ich meine Kinder wiedersehen.

Dennoch gab es viele Kleinigkeiten, die mehr wehtaten als die Zellenrazzien, die Absonderungen und der unmögliche Fraß – Möhren, die es mal gekocht, mal gedünstet, mal als Sirup gab.

Jede durfte laut Häftlingsordnung drei Fotos von Angehörigen mit in ihre Zelle nehmen. Doch man selbst durfte nicht auf den Fotos abgebildet sein. Wenn doch, wurde der Kopf einfach rausgeschnitten. Das war eine Erziehungsmaßnahme. Jedem Häftling sollte so bewusst werden, dass es keine Identität mehr gab. Ich betrachtete mir die Bilder nur noch selten. Wie in einem Spiegelbild spürte ich dann jedes Mal meine Lage: »Sieh doch, du bist ein Nichts, wie dieses Loch im Foto!«

Fussel war im November »auf Transport gegangen«, das heißt, sie hatte ihr Ziel erreicht: den Westen! Sie hatte mich fest umarmt und mir versprochen, sich drüben mit aller Kraft für mich einzusetzen.

»Es dauert bestimmt nicht mehr lange, und dann werden sie auch bei dir brüllen: Strafgefangene Gallus, packen Sie Ihre Sachen!«

Ich weinte: Was sollte ich bloß ohne diese Stimmungskanone anfangen? Fussel hatte von einer zweieinhalbjährigen Haftstrafe 18 Monate absitzen müssen. Sie war auch ein Republikflüchtling, dazu kam Nötigung. Sie hatte einfach nur in einem Kofferraum abhauen wollen. Nach dem Motto: Entweder sie kontrollieren nicht und es klappt, oder die kontrollieren, und es klappt nicht. Jemand hatte laut Statistik behauptet, es werde nur jedes 20. Auto wirklich genau überprüft. Sie hatte Pech!

Nun hatte sie Glück und würde sich in der Nähe von Düsseldorf eine neue Existenz aufbauen. Oder auch in Kanada oder Australien. Sie hatte viele Pläne im Kopf. Vermutlich würden wir uns nie wieder sehen. Und in Hoheneck würde es eine neue Fussel geben, die ihren Job übernahm.

Das erste Weihnachtsfest im Knast war entsetzlich traurig. Viele saßen da, weinten oder starrten vor sich hin.

Ich hatte beim letzten Besuch meines Bruders erfahren, dass die Kinder wieder in Dresden bei ihrem Vater wohnten. Er war nicht gefragt, sondern gezwungen worden, die Kinder aufzunehmen. Dem Wunsch der Kinder, bei der Familie meines Bruders Claus leben zu dürfen, bis Mami wieder für sie da sein konnte, war kein Gehör geschenkt worden. Claus hatte sich bemüht, alles für die Mädchen zu tun.

Ich fühlte mich leer und ausgebrannt. Sollte ich jetzt vollkommen von meinen Kindern isoliert werden? Würden die Mädchen vielleicht doch noch zu ihrem Vater und dessen neuer Frau eine Beziehung aufbauen? Hatte ich mit dem Fluchtversuch zu viel riskiert? Alles auf eine Karte gesetzt und alles verloren? Mir kamen zum ersten Mal wirkliche Zweifel. Hätte mich jetzt, in dieser Minute, jemand geholt und mich bearbeitet, die Ausreiseanträge zurückzunehmen, verbunden mit dem Angebot, wieder bei Claudia und Beate zu sein, ich hätte es wohl getan.

Es tat so entsetzlich weh, hier eingesperrt zu sein, während die Kinder weit weg ein Weihnachten ohne ihre Mami feiern mussten. Über meinen Bruder beauftragte ich einen Rechtsanwalt, gegen die Übertragung der Pflegschaft Klage einzureichen.

Ich kniete auf dem oberen Bett und bemühte mich, aus dem kleinen Fenster einen Hauch von Landschaft zu sehen. Ich hatte Stimmen gehört. Einige Menschen aus Stollberg hatten sich auf schneebedeckter Wiese vor dem Gefängnis versammelt, um den Gefangenen ein paar Weihnachtslieder zu singen. Damit wollten sie ihre Solidarität bekunden.

Viel konnte ich nicht sehen, aber es tat gut zu wissen, dass da draußen Menschen standen, die uns nicht vergessen hatten.

Am ersten Weihnachtstag wurde das Essen nicht aus Plaste-Schüsseln serviert, sondern von richtigen Steinguttellern. Es gab Rouladen mit Blaukraut und sächsischen Knödeln. Zum Nachtisch Quarkkeulchen mit Zucker und Zimt. Nur der Kaffee schäumte wie jeden Tag: ein Medikamenten-Cocktail, der manchen Frauen Barthaare sprießen und Muskeln wachsen ließ.

Ab Januar sollte ich zur Wiedereingliederung in die sozialistische Gesellschaft an wöchentlichen Politveranstaltungen teilnehmen. Ich sollte quasi lernen, wofür ich bestraft worden war. Sollte lernen, wieder mit der Partei und für die Partei zu leben.

Manche liefen da hin, nur um irgendwelche Vergünstigungen zu bekommen. Ich wollte jedoch nicht den geringsten Zweifel aufkommen lassen, dass ich je wieder für die sozialistische Gesellschaft tauglich gemacht werden könnte, und weigerte mich konsequent. Die Folgen waren entsprechend und steigerten sich.

»Ich wollte Ihnen nur sagen, dass Sie Post bekommen haben«, baute sich die »Wachtel« Oberleutnant eines Morgens vor mir auf. »Aber Sie haben wieder nicht am politischen Unterricht teilgenommen. Ihr Hass auf unser System ist also größer als Ihre Liebe zu den Kindern! Richtig? Dann brauchen Sie auch nicht deren Post zu lesen!«

Ich zuckte abfällig mit den Schultern. »Sagen Sie doch, was Sie wollen!«

Natürlich quälte mich der Gedanke, Post von meinen Lieben nicht ausgehändigt zu bekommen. Aber ich wollte auf keinen Fall, dass man dachte, ich sei erpressbar. Das hätte den letzten Rest meiner Persönlichkeit zerstört. Ich musste stark bleiben. Es kamen sicher noch bessere Zeiten.

Ein anderes Mal wurde ich über Stunden in die Dusche gesperrt, weil ich mich geweigert hatte, das Politseminar »Wiedereingliederung in die sozialistische Gesellschaft« zu besuchen. Man hatte den Kaltwasserhahn aufgedreht und angeblich vergessen auszuschalten. Und man hatte vergessen, mich abzuholen, so dass ich von abends bis weit nach Mitternacht in dem völlig unterkühlten »Burgverlies« zubringen musste. Ich hatte Angst, mir eine Lungenentzündung zuzuziehen. War das eine Methode, Menschen auf die stille Art zu ermorden?

Zwei Wochen später wurde ich, gemeinsam mit fünf weiteren Frauen, die auch die Politseminare boykottierten, in einen Raum gesperrt. »Razzia!«, brüllte eine der »Wachteln« und ordnete an, dass wir uns alle völlig entkleiden sollten. Dann saßen wir da, aufgereiht wie gerupfte Hühner. Ein bis zwei Stunden. Es war kalt. Dann kam Frau Leutnant, die von den meisten nur die »Krähe« genannt wurde, und behauptete, ein Messer sei seit dem Abendessen abgängig.

Alle Frauen mussten sich breitbeinig an die Wand stellen und wurden langwierig abgetastet. Es war grotesk. Solche Aktionen dienten nur dazu, die Ungehorsamen zu zermürben, ihnen ihre Weigerung auszutreiben.

Als ich dran war, konnte ich mir, wie so oft, eine zynische Bemerkung nicht verkneifen. »Ich habe das Messer weggenommen«, sagte ich mit einem Ausdruck des Bedauerns in meiner

Stimme. »Leider ist es mir in die Gebärmutter gerutscht, als ich es da unten verstecken wollte.«

Weil ich mich fortgesetzt weigerte, an den Politseminaren teilzunehmen, wurde ich an einem Aprilnachmittag kurz nach Ostern zu einem Major des Ministeriums für Staatssicherheit gebracht.

Es sollte kein Verhör sein, das Ganze war eher als Gespräch inszeniert. Ich bekam sogar richtigen Bohnenkaffee und Kuchen angeboten. Doch ich nahm nichts an, obwohl mir der Duft der frischen Kaffeebohnen arg zusetzte.

Der Major versuchte einen väterlichen Eindruck zu erwecken.

»Strafgefangene Gallus«, begrüßte er mich. »Sie sind jetzt seit 15 Monaten in der Haftanstalt Stollberg, arbeiten scheinbar gut, haben sich den Umständen entsprechend auch zurechtgefunden. Sie verweigern sich lediglich unserem Bemühen, Sie zu resozialisieren. Woher kommt das? Was hat Ihnen dieser Staat getan, dass Sie ihn so sehr hassen? Wir haben unsere Fehler, gewiss, aber wir sind keine Unmenschen oder zumindest nicht schlimmer als andere. Warum dringen Sie so darauf, die DDR zu verlassen? Ich will Ihnen jetzt bestimmt nicht wehtun, aber Ihre Kinder denken da mittlerweile ganz anders als Sie. Das müssen wir Ihnen sagen. Das ist unsere Pflicht. Sie sollten wissen, dass Sie, wenn überhaupt, nur ohne Ihre Kinder ausreisen können.«

Ich schluckte. Das war ein Schlag! Aber eigentlich hatte ich längst erwartet, dass man mir irgendwann solch eine Botschaft brachte.

»Was haben Sie mit Claudia und Beate gemacht? Ich habe nach der Scheidung das Sorgerecht bekommen. Weshalb leben die Kinder jetzt bei meinem geschiedenen Mann? Sie wollten zu meinem Bruder!«

Der Major schlürfte seinen Kaffee.

»Hören Sie, Ihr geschiedener Mann ist der leibliche Vater der beiden Mädchen. Sie haben Ihr Sorgerecht verletzt. Wollten die beiden Kinder außer Landes bringen. Dabei fühlen sie sich hier wohl. Hier …« Er stand auf und holte aus einer Mappe ein paar Fotos. »Das Fernsehen hat die Serie ›Geschichten übern Gartenzaun‹ fortgesetzt. Sie heißt jetzt ›Neues übern Gartenzaun‹. Claudia spielt weiterhin eine der Hauptrollen, wie Sie selbst sehen. Ihr macht es offensichtlich Spaß. Sie können stolz sein. Sie haben zwei wirklich hübsche, begabte Töchter.«

Fast zwei Jahre hatte ich die Mädchen nicht mehr gesehen. Sie sahen auf diesen Standfotos wie zwei kleine, süße, glückliche Stars aus. Sie hatten sicherlich viel Freude bei den Dreharbeiten.

»Hoffentlich sind wir bald wieder zusammen!«, hatten sie hinten aufs Foto geschrieben. »Wir haben dich ganz doll lieb! Deine Mäuse Claudia und Beate.«

Ich konnte die Tränen nicht mehr zurückhalten.

»Wollen Sie nicht doch?« Der Major bot mir erneut einen Kaffee an. Ich verneinte.

»Ja, es ist traurig. Eine Mutter gehört zu ihren Kindern. Ich denke da altmodisch, weil es natürlich ist. Aber, liebe Frau Gallus, es liegt an Ihnen, nicht an uns. Das sollten Sie sich doch vor Augen führen. Wenn Sie den Ausreiseantrag zurücknehmen, können Sie Ostern zu Hause sein. Dafür kann ich mich verbürgen. Sie müssten dann allerdings auch den westlichen Behörden mitteilen, dass Sie nicht mehr beabsichtigen auszureisen. Wäre das nicht ein faires Angebot?«

Ich brauchte nicht lange zu überlegen. »Wir sind nicht erpressbar!« Ich sprach für meine Kinder mit. Der Major nahm mir die Bilder wieder weg und betrachtete mich wohlwollend.

»Warum sagen Sie nicht schlicht und einfach ja zu Ihren Kindern? Sind Sie nun Mutter, oder wollen Sie mit dem Kopf durch die Wand, um unbedingt in die BRD zu können? Was lockt Sie da so sehr, dass Sie bereit sind, auf Ihre Kinder zu verzichten?«

Nun schwang schon ein anderer Ton, eine kleine Drohung mit. »Ich werde nicht auf meine Kinder verzichten, wenn Sie das meinen! Ich werde um Sie kämpfen! Und wenn sie bei mir sein wollen, werde ich alle Hebel in Bewegung setzen, dass sie bei mir leben dürfen. Ich bin als Mutter verpflichtet, meinen Kindern als Mensch ein Vorbild zu sein. Ich will ihnen zeigen, dass man sich wehren kann, wenn man sich wehren will. Ich kann in diesem Staat nicht mehr leben. Ich kann es nicht verantworten, meine Kinder in einem Staat zu erziehen, der noch nicht mal in der Lage ist, die einfachsten Menschenrechte einzuhalten. Glauben Sie mir, ich liebe meine Kinder. Aber ich kann hier nicht mehr leben. Ich kann es nicht verzeihen, was Leute wie Sie uns angetan haben. Niemals werde ich das vergessen! Deshalb sind auch diese Politseminare so sinnlos für mich. Nicht ich habe ein Unrecht begangen, sondern an mir wurde und wird ein Unrecht verübt! Und das wissen Sie genau! Aber Sie wollen sich ein Volk aus lauter Jasagern erziehen. Da passe ich nicht rein. Es hat keinen Zweck. Glauben Sie mir. Weder im Guten noch im Bösen! Ich komme hier schon irgendwie raus, auch ohne Ihre Hilfe! Ich will nicht zu denen gehören, die sich später schämen müssen!«

... denn es ist klar,
dass die Zukunft nicht den Zaudernden gehört ...

Der alte Stasi-Major schüttelte den Kopf und lachte.

»Sie – und Sie werden noch an meine Worte denken – werden zu denen gehören, die arbeitslos irgendwo herumlungern und dann Zeit genug haben, darüber nachzudenken, was sie alles aufgegeben haben. Ihre Töchter werden inzwischen Karriere machen und ihre Mutter verachten. Ihre Töchter werden sich schämen, solch eine Mutter zu haben!«

Ich stand auf.

»Kann ich gehen?«

»Ich bitte darum!«

[illegible]

Fast zwei Jahre war [illegible] die erste Szene [illegible] [illegible] [illegible] nicht [illegible] [illegible] Unterbringung [illegible] [illegible]

[illegible] wurde ich [illegible] [illegible] [illegible] [illegible] eine [illegible] [illegible] [illegible] nur [illegible]

[illegible] Montana [illegible] [illegible] [illegible] und [illegible] [illegible] [illegible] [illegible]

Als [illegible] in die so genannte [illegible] in diesen Raum ohne Fenster [illegible] [illegible] [illegible] [illegible]

[illegible] Er [illegible] [illegible] [illegible] [illegible] [illegible] [illegible] [illegible] [illegible] der [illegible] [illegible] [illegible] zu [illegible] [illegible] auf [illegible] [illegible] [illegible] Schwiegtad [illegible] [illegible] der übrigen [illegible] [illegible] obwohl [illegible]

Entlassung in den Westen

Fast zwei Jahre war ich weggesperrt, ehe erste Signale darauf hindeuteten, dass ich wohl bald entlassen werden würde. Ich brauchte nicht mehr ins Arbeitskommando. Es war stets eine hektische Unruhe im ganzen Block, wenn es auf Transport gehen sollte.

Eines Morgens wurde ich nach der Freistunde gegen halb acht direkt aus der Absonderung in den Speiseraum geführt.

»Strafgefangene Gallus, packen Sie Ihre Sachen und kommen Sie mit!«, befahl mir eine »Wachtel«.

Auch Helga, Moni und Sabine aus meinem Arbeitskommando waren im Raum. Wir hatten zuvor alles aus den Zellenspinden mitgenommen und kleine Geschenke auf die Betten der anderen verteilt. Schokolade, selbst gebastelte Lockenwickler aus den Resten der Biberbettwäsche, kleine Kissen, Zigaretten oder was eben so gefragt war.

Alle kamen in die so genannte Schleuse. Zwölf Frauen saßen in diesem Raum ohne Fenster eng zusammen. Jede bekam zum letzten Mal eine Schüssel Eintopf. Dann mussten wir bis zum Abend warten.

Es war der 17. Februar 1984. Abends kam ein Mini-LKW mit dem Werbeaufdruck einer Bäckerei in den Hof gefahren. Er sollte uns, als Brötchenfracht getarnt, in die Abschiebehaft nach Karl-Marx-Stadt bringen. Unsanft wurden wir ermahnt, nicht miteinander zu sprechen, sich ruhig zu verhalten, da ansonsten mit einem mehrwöchigen Nachschlag auf Hoheneck zu rechnen sei. Alle waren mucksmäuschenstill. Schweigend wie auf einem Friedhof stiegen wir ein. Keiner der übrigen Häftlinge sollte mitbekommen, was geschah – obwohl es alle wussten.

In der Abschiebehaft wurden wir in Vierer- bis Sechserzellen gesteckt. Das war doch wesentlich angenehmer als in Hoheneck. Die meisten konnten damit rechnen, innerhalb von ein bis zwei Wochen ausreisen zu dürfen.

Hier traf ich auf Heidi, eine blonde dünne Frau, die uns erzählte, dass sie in Bautzen II eingesessen habe, da niemand etwas von ihrem Schicksal erfahren sollte. Alle anderen waren über Hoheneck hierher gekommen. Heidi berichtete uns davon, dass ihr kleiner Sohn während einer winterlichen Ferienreise an einem zugefrorenen Bach verschwunden sei. Es seien nie auch nur die kleinsten Spuren von ihm gefunden worden. Sie habe das Gefühl, ihr Kind sei entführt worden. Sie könne sich sogar an ein Ehepaar erinnern, die mit ihrem Fahrzeug schnell weggefahren seien, als sie nach ihrem Sohn Dirk gerufen habe. Doch niemand habe diesen Hinweis ernst genommen. Im Gegenteil, man habe sie aufgefordert, ihr Kind für tot erklären zu lassen. Weil sie sich weigerte und auf eigene Faust nach ihrem verschwundenen Kind suchen wollte, habe man sie und ihren Mann festgenommen. Jetzt hätten sie und ihr Mann darauf bestanden auszureisen. Sie hätten hier für sich und ihre Familie keine Zukunft mehr gesehen. Außerdem seien sie davon überzeugt, dass sich das Internationale Rote Kreuz besser um den verschwundenen Jungen kümmern könne.

Ich erinnerte mich, schon mal etwas von dieser Geschichte gehört zu haben, konnte mich aber nicht an das Gesicht der Frau erinnern. Plötzlich fiel es mir ein. Heidi musste meine »Klopperpartnerin« in der U-Haft gewesen sein. Daher kannte ich ihre Geschichte. Jetzt lernte ich sie persönlich kennen. So klein kann die Welt sein. Wir umarmten uns und versprachen, uns auch im Westen nicht aus den Augen zu verlieren.

Jeden Mittwoch ging es auf Transport. Und jeder von uns

wartete gespannt darauf, ob sein Name auf der Liste stand. Es wurde immer erst sehr kurzfristig bekannt gegeben, ob es losging. Niemand wusste genau, wie viele rauskamen und wie viele doch wieder zurückmussten in die DDR. Es war ratsam, sich sehr bedeckt zu halten. Noch war die Fahrkarte in den Westen keineswegs sicher. Dennoch war das Leben hier viel angenehmer. Wir durften endlich wieder unsere Zivilkleidung tragen, uns wie Menschen benehmen und bekamen sogar Bohnenkaffee serviert. Insgesamt herrschte ein freundlicher Umgangston, außer bei den Spezialverhören, bei denen es um noch ungeklärte Sachverhalte ging. Meist handelte es sich um offene Fragen bei Ehescheidungen, Vermögensverhältnissen oder Sorgerechtsentscheidungen. Oft wurde ein Notar geholt, und die politischen Häftlinge wurden gezwungen, ihr Eigentum dem Staat zu übertragen, auch wenn dieses längst an Verwandte verschenkt oder veräußert worden war. Ohne eine Verstaatlichung hätte es keinen Transport gegeben, und die meisten unterschrieben. Wer hätte je daran gedacht, dass die Teilung Deutschlands eines Tages rückgängig gemacht würde.

Auch ich musste erst noch in eine der »Klemmerzellen«. Zwei Monate wurde ich dort festgehalten. Zwei Monate, in denen ich von Woche zu Woche bangte. In die Klemmerzellen kamen jene, mit denen Rechtsanwalt Vogel unbedingt noch mal sprechen wollte. Ich hatte schon längst meine Übersiedlungskarten ausgefüllt, auch für meine beiden Töchter.

Ungeduldig erwartete ich den Termin. Was hatte er noch mit mir zu besprechen? Es war doch alles geklärt! Immer kam etwas dazwischen! Wieso musste ich so viel Pech haben?

Als ich ihm in seinem kleinen Büro gegenübersaß, konnte ich schon aus seinem ernsten Gesichtsausdruck ablesen, dass es Komplikationen gab.

»Nun, Frau Gallus«, begann er, »ich habe die unerfreuliche Aufgabe, Ihnen mitzuteilen, dass Ihre Kinder auf gar keinen Fall eine Ausreisegenehmigung bekommen. Jetzt nicht und auch später nicht. Es ist nichts zu machen, da kann auch ich nicht eingreifen. Ihre Töchter werden in der Obhut Ihres geschiedenen Mannes bleiben. Sie haben jetzt natürlich immer noch die Möglichkeit, alles rückgängig zu machen und wieder nach Dresden zu gehen. Dann wird Ihnen wohl auch das Sorgerecht wieder übertragen. Falls Sie allerdings weiter darauf bestehen auszureisen, müssen Sie hier diese Erklärung unterschreiben. Sie beinhaltet, dass Sie mit der Pflegschaft Ihrer Kinder durch den Vater einverstanden sind.«

Wieder fühlte ich mich einem erpresserischen Druck ausgesetzt. War nun Vogel mein Anwalt oder der Anwalt des Staates?

»Sie brauchen mich gar nicht so böse anzuschauen, ich habe das nicht verfügt, habe auch nicht darüber zu entscheiden. Es liegt bei Ihnen und ist eigentlich ganz klar. Entweder der Westen ohne Kinder oder der Osten mit Kindern.«

»Und weshalb werden nicht Claudia und Beate gefragt? Sie sind in einem Alter, in dem sie selbst entscheiden können. Mir wäre es am liebsten, und es wäre wohl auch das normalste, wenn man die Kinder fragen und dann eventuell eine Besuchsregelung finden würde.«

Vogel lachte kurz auf. »Sie kennen unsere Gesetze wohl immer noch nicht. Das ist vollkommen ausgeschlossen!«

Insgesamt wurde ich achtmal zu solchen Gesprächen geholt. Es waren immer auch einige Stasi-Mitarbeiter dabei, die sich in diese so genannten Gespräche mit scharfem Ton einmischten. Beim letzten Gespräch waren neben Vogel sechs Stasis – vom Leutnant bis zum Hauptmann – im Raum. Drei standen vor mir, drei hinter mir. Ich sollte nun endgültig eine Erklärung unterschreiben, dass ich mit der vorübergehenden Pflegschaft der Kinder durch den Vater einverstanden sei. Ich war bisher davon ausgegangen, dass es sich lediglich um eine Pflegschaft bis zur Übersiedlung handle. Jetzt kamen sie mir also auf die linke Tour, und ich sollte mein Erziehungsrecht auf unbestimmte Zeit abgeben. Das war boshaft, und ich war vollkommen durcheinander. Man signalisierte mir, dass es ohne die Unterschrift keine Möglichkeit gebe, mich ausreisen zu lassen. Ich wurde eine Stunde bearbeitet und zitterte vor Nervosität. Würde eine Unterschrift Verrat an meinen Kindern bedeuten? Wir hatten in der Abschiebehaft die Briefe und Fotos der Kinder, die nach Hoheneck gesendet worden waren, ausgehändigt bekommen. Ich hatte sie mir jeden Abend angeschaut, in der Hoffnung, meine Lieben bald in die Arme schließen zu können. Es war so grausam und so sinnlos, hier zu warten, zu reden, stundenlange Gespräche im Kreis zu führen, während das Leben weiterging und uns kostbare Lebenszeit gestohlen wurde. Wer bezahlte all diese Leute, die Menschen ohne Grund festhielten? Wer bezahlte jene, die bewusst gegen Menschenrechtskonventionen verstießen und noch nicht einmal einen Funken Unrechtsbewusstsein erkennen ließen? Dennoch durfte ich hier nicht aufgeben, ich musste unterschreiben, um dann vom Westen aus alles zu versuchen, was möglich war.

Resignierend unterschrieb ich die Erklärung. Ich war der festen Überzeugung, dass es sich nur um eine vorübergehende Sache handeln konnte. Wenn ich erst im Westen war, hatte ich genug Möglichkeiten, mich für die Kinder einzusetzen. Aber jetzt wieder zurück nach Dresden, sich nach dieser langen Zeit beugen, das war unmöglich. Wie hätte ich vor die Augen meiner Töchter treten sollen? Ich war kurz vor dem Ziel, und niemand sollte mich jemals mehr einschüchtern.

Nachdem ich die Unterschrift geleistet hatte, lief alles so ab wie bei den anderen. Über ein Telegramm erfuhr ich von meinem Onkel, dass mein Vater plötzlich ins Krankenhaus eingeliefert worden sei. Eine Lungenoperation. Dann sollte ich meinen Ausreiseantrag nochmals detailliert begründen. Schriftlich.

Mir fielen so viele Dinge ein, dass ich nicht wusste, wo ich anfangen sollte. Mich hatte schon immer diese Abschottung, dieses verschwörerische Verhalten all der Personen, die im Dunstkreis der Partei lebten, abgestoßen. Ebenso wie die vielen Lügen über den Westen, über die eigenen Errungenschaften, an die noch nicht mal die glaubten, die solche Propaganda verbreiteten. Und die vielen, vielen Uniformen, die in jeder kleinen Stadt, in jedem Amt präsent waren und einen daran erinnerten, dass man sich in einem Militärstaat befand, in dem Gehorsam gegenüber der Partei zur obersten Pflicht zählte. Und die Stasi-Schnüffler, die in allen Lebensbereichen unsichtbar, aber doch spürbar gegenwärtig waren und sich hinter jedem noch so freundlichen Gesicht verbergen konnten. Die Kinder wurden nach den Eltern ausgefragt; wer den falschen Sender im Radio hörte, kam schon auf die Liste. Hätte ich wirklich alles aufgeschrieben, was mir zu diesem Thema einfiel, ich hätte ein halbes Buch gefüllt und gleichzeitig riskiert, als Provokateurin wieder nach Hoheneck geschickt zu werden.

Also schrieb ich: »Es geht mir und meinen Kindern bei unserem Ausreisewunsch in erster Linie um die Familienzusammenführung mit meinem in Aachen lebenden Vater. Nach dem plötzlichen Tod meiner Mutter hat sich dieser Wunsch sehr verstärkt.«

Statt meine politischen Motive zu nennen, ließ ich weiße Flecken auf dem Papier. Jetzt wollte ich nichts mehr riskieren. Zu nah war das lang erstrebte Ziel!

Als alle notwendigen Papiere ausgefüllt waren und ich endlich die Ausbürgerungsurkunde der DDR in den Händen hielt, bekam ich meine Sachen reisefertig ausgehändigt. Diese Ausbürgerungsurkunde war für die meisten wie der höchste Verdienstorden oder wie für amerikanische Stars der »Oscar«. Ich liebte dieses Papier und war mir sicher, bald auch meine Töchter bei mir zu haben. Sie würden sie nicht gegen ihren Willen festhalten können. Dafür würde ich sorgen.

Horst, auch ein Abschiebehäftling, der als ehemaliger NVA-Offizier wegen Republikflucht zehn Jahre in Brandenburg gesessen hatte, war in großer Sorge, dass seine in Hamburg lebende Frau ihn gar nicht mehr mögen würde. Immer wieder stand er vor dem Spiegel und fand sich in der viel zu großen Hose nicht schick genug. Seine Frau hatte es damals geschafft, die Grenze zu passieren. Sein Fluchtauto war kontrolliert und er war für seine entflohene Frau mitbestraft worden. Jetzt war er etwas über 30 Jahre alt und hatte richtig Panik davor, seine Frau nach so langer Zeit wiederzusehen.

Wir Frauen in der Abschieberiege waren uns einig: Wir nähten ihm die Hosen etwas enger, wuschen sein Hemd und frisierten ihm die Haare. Im Westen sollte er sich dann ein hübsches, modernes T-Shirt oder Sweatshirt kaufen. Jetzt sah er wieder ein bisschen schicker aus, auch wenn ihm die lange Haft mehr als manch einem anderen an den Falten um die Augen und den hohlen Wangen abzulesen war. Alle machten ihm Mut, beneideten ihn sogar, weil er sich im Westen schon ins gemachte Bett legen konnte. Seine Frau schien ihm all die Jahre treu gewesen zu sein.

Am 17. Februar war ich von Hoheneck auf Transport gekommen. Am 18. April sollte es endlich nach Gießen weitergehen.

Am Abend vor der geplanten Ausreise gab man mir meinen Führerschein zurück.

»Ich dachte, der sei in der Donau!« Ich war verwundert und konnte es kaum fassen, das Originaldokument in den Händen zu halten.

Der junge Mann, der mir die Fahrerlaubnis aushändigte, sah mich verwirrt an. Er konnte ja nicht wissen, was man mir damals in Severin erzählt hatte. Irgendwie schien sich da ein Fehler in die Bürokratie eingeschlichen zu haben. Ich hatte es immer geahnt. Und jetzt hielt ich den Beweis in meinen Händen. Ich war also von Anfang an in eine Falle gelockt worden! Der Diebstahl war nur fingiert, um herauszubekommen, was ich tun und mit wem ich die Flucht wagen würde.

Doch wo hatte ich nicht aufgepasst? Waren schon die ersten Jugoslawen nicht echt gewesen? Oder war tatsächlich dieser Milan aufgeflogen? Ich würde dieses Rätsel wohl nie endgültig lösen können.

Am nächsten Morgen fuhren wir mit einem Bus nach Herleshausen. Anwalt Vogel verteilte letzte Instruktionen.

»Keine Presse!«, hämmerte er jedem ein. »Sonst werden es Ihre Verwandten und die zurückgebliebenen Häftlinge nur ausbaden! Unser Arm reicht weit!«

Der Osten fürchtete die Presse wie der Teufel das Weihwasser. Vor allem die Wahrheit machte ihnen Angst. Ihr propagandistisches Lügengebäude hätte wohl eine Menge Risse bekommen. Nachdem er uns die Leviten gelesen hatte, begab sich Vogel in einen weißen Mercedes und fuhr dem Bus voraus. Zu unserer Verwunderung war es ein Mercedes und kein Wolga. Der Anwalt des Ostens fuhr eine kapitalistische Limousine. Sieh an!

Es war bewegend, während der Busreise zu erleben, wie fremde Leute uns von draußen zuwinkten und Daumen drückend die Arme schwenkten. Unter der Bevölkerung musste sich die Fahrstrecke der Ausgebürgerten schon herumgesprochen haben. Woher hätten sonst die Leute gewusst, wer in diesem Bus saß?

Wirkliche Erleichterung empfanden aber alle erst, als die Stasi-Mitarbeiter den Bus vor der Grenze endgültig verließen. Viele lagen sich in den Armen, weinten, schimpften sich die Wut des vergangenen Leids von der Seele.

Auf der BRD-Seite stand ein Verpflegungsbus. Bei belegten Broten, Saft und Schnittchen begrüßten sich die Deutsch-Deutschen. Hier spielte sich ein bewegendes Stück Geschichte eines Volkes ab, das zwar durch den Eisernen Vorhang getrennt worden, sich aber doch sehr nahe geblieben war.

Es war so überwältigend für mich, wieder frei zu sein, dass ich es gar nicht so richtig fassen konnte. Alles war noch so ungewiss, so viele schreckliche Monate lagen hinter mir.

Und die Zukunft, die in den Träumen so bunt ausgesehen hatte, verschwamm in der Realität zu einem vernebelten Farbklecks. Meine einzige Hoffnung lag darin, bald meine Töchter in die Arme schließen zu können. Ich war sehr zuversichtlich und wusste von meinem Bruder, dass beide Mädchen nach wie vor unbedingt zu mir wollten. Die Sehnsucht war nicht kleiner geworden.

Gegen 13 Uhr war der Bus in Karl-Marx-Stadt losgefahren, und gegen 18 Uhr kamen wir im Notaufnahmelager Gießen, meiner ersten westlichen Unterkunft, an. Es war Ostern, und in Gießen herrschte wegen der ersten großen Ausreisewelle Hochbetrieb. Die Lager waren voll gestopft, und überall wimmelte es vor Menschen. Ich wurde in eins der vielen Schlafhäuser eingewiesen und teilte mir ein Zimmer mit vier Frauen. Seltsamerweise gab es auch hier karierte Bettwäsche. Vielleicht waren die Karos ein wenig größer. Eins wusste ich: Nie wieder würde ich in meinem Leben karierte Bettwäsche benutzen. Und wenn es noch so sehr Mode sein würde.

Ich hatte das Bedürfnis, mir erst einmal den letzten Schweiß aus der DDR-Haft abzuwaschen. Schon bei meiner ersten Begegnung mit der neuen Zivilisation stand ich jedoch vor einem schier unüberwindbaren Problem. Ich fand keinen Batteriehebel, mit dem das Wasser ein- oder auszuschalten war. Mindestens fünf Minuten fummelte ich an einem runden Metallknopf herum, ehe ich herausfand, dass dieser nicht gedreht, sondern gedrückt werden musste und dass dann automatisch eine dosierte Menge Wasser aus der Düse kam. Ich kam mir vor wie auf einem anderen Planeten. Alles roch hier ganz anders, war frisch und hell!

Es war mir sogar fremd geworden, aus richtigen großen Fenstern zu schauen. Ich hätte mich am liebsten stundenlang vor das Fenster in unserem Zimmer gesetzt und das Leben und die Natur draußen beobachtet. Welch ein Luxus, an einem Fenster sitzen zu dürfen! Einen Baum sehen zu können! Blüten zu riechen! Einen grünen Rasen, ganz kurz geschoren, mit nackten Füßen zu betreten! Ein Wunder!

Am liebsten hätte ich all die Eindrücke für mich still genossen, doch wir Neuankömmlinge waren am Abend zu einem gemeinsamen Essen eingeladen.

Die uns zugeteilten Betreuer, zwei jüngere Männer, teilten uns mit, wo wir am nächsten Tag unsere Beratungsstellen finden würden und was wir bei der Eingliederung in die Bundesrepublik am meisten zu beachten hätten.

Ich blieb ein paar Tage in Gießen, bis alle Formalitäten erledigt waren. Vom BND wurden wir bis ins Detail ausgefragt. Überall hatten sich Schlangen vor den Schaltern gebildet. Wir alle bekamen Begrüßungsgeld und gingen in Gruppen in die Stadt, um uns umzuschauen. Die vielen Schaufenster, Auslagen und Farben! Wir hatten den Eindruck alles zu bekommen, was wir wollten – und mehr. Nach dem langen Aufenthalt im Knast war ich fast erschlagen und zugleich fasziniert. Wir leisteten es uns, mit einem Glas Sekt in einem hübschen Café auf die Freiheit anzustoßen. Das musste sein. Als Neustart. Die meisten kauften sich was Kleines, Hübsches zum Anziehen und Obst. Auch ich kaufte ein bisschen Obst und einen Blumenstrauß, Osterglocken. Es war wie ein Wunder, nach all den Jahren einen frischen Blumenstrauß im Zimmer zu haben. Gleichzeitig hatte ich ein schlechtes Gewissen. Während ich jetzt auf den Geschäftsstraßen bummelte und dem freien Leben einen entscheidenden Schritt näher gerückt war, saßen meine Kinder immer noch in diesem grauen Loch, genannt DDR, und mussten nach Worten ringen, um nicht auffällig zu werden. Ich nahm mir vor, ihnen gleich ein Paket zu schicken und sofort alles in die Wege zu leiten, um ihre Übersiedlung zu betreiben. Sicher würden die westdeutschen Politiker mächtig genug sein, mir zu helfen. Wir mussten es einfach schaffen!

Als alles erledigt war und wir unsere Adressen ausgetauscht und uns Glück gewünscht hatten, fuhr ich mit dem Zug weiter nach Bad Wildungen zu meinem Onkel. Fast zwei Jahre später als geplant! Und ohne die Mädchen!

Aber um eine gewaltige Lebenserfahrung reicher!

Der Kampf um Claudia und Beate

Onkel Martin holte mich vom Bahnhof ab. Er strahlte und jubelte nicht, sondern machte eine bedrückte Miene.

»Hallo, freust du dich gar nicht?« Ich stand vor ihm und wollte ihn herzlich an mich drücken. Der große Mann mit dem braun gebrannten, von tiefen Lachfalten geprägten Gesicht senkte den Blick und hatte offenbar Schwierigkeiten, die richtigen Worte zu finden.

»Kindchen«, seufzte er, »ich muss dir eine traurige Nachricht überbringen. Wir haben vor fünf Tagen deinen Vater beerdigt. Eine Lungenembolie. Es ist ganz schnell gegangen. Ich habe ein Telegramm in die Haftanstalt geschickt, aber das hat dich wohl nicht erreicht.«

Ich blieb wie angewurzelt auf dem Bahnsteig stehen. Ein eisiger Schauer durchfuhr mich. Ich war kaum fähig, etwas zu sagen. Mein ganzer Körper, einschließlich des Gehirns, schien wie gelähmt. War das nicht grotesk? Ich hatte mich so sehr darauf gefreut, endlich meinen Papa näher kennen zu lernen. Er liebte seine beiden Enkelinnen. Wie oft hatten wir von ihm gesprochen, ohne ihn wirklich zu kennen. Ein paar Erzählungen von meiner Mutter, manchmal der Vorwurf, dass mein Temperament ganz nach ihm kommen würde. Ein Abenteurer! So gerne hätte ich ihn persönlich erlebt, so gerne mit ihm über Mama geplaudert. Er hatte sich auch schon so sehr gefreut. Diese Nachricht war bitter, wenngleich ich kein Gefühl der schmerzlichen Trauer empfand. Dafür standen wir uns zu wenig nahe. Aber ich hatte das Gefühl, dass mir das Leben etwas weggenommen hatte, ein Stückchen Heimat, die Erde für meine Wurzeln, etwas, auf das ich so gebaut hatte. Jetzt gab es nur noch Onkel Martin und Tante Ilse.

Martin nahm meinen Koffer, hakte sich bei mir unter. Der Bahnhof war leer. Einsam hallte die Stimme der An- und Abfahrtsansagen über die Gleise.

»Ich wollte nicht am Telefon …«, entschuldigte er sich.

»Das versteh ich. Es hätte ja nichts gebracht.«

»Möchtest du, dass wir nach Aachen fahren, zum Grab?«, fragte Martin.

Ich blieb stehen, fasste Martin am Ärmel und schaute ihn an. »Nein, im Moment nicht. Später, ja. Ich habe Papa als Person zum Anfassen nur aus meiner Kindheit in Erinnerung. Er hat in den letzten Jahrzehnten nur in meinen Vorstellungen existiert, in dem, was seine Briefe, Pakete und Bilder uns vermittelten. Er hat uns immer finanziell unterstützt, dafür bin ich ihm dankbar. Aber ich will und kann jetzt nicht an sein Grab. Ich muss es akzeptieren. Ich will nicht nach seinem Tod in das eindringen, was er zurückgelassen hat. Verstehst du das?«

Martin nickte. »Ich habe auch kaum Kontakt zu ihm und seiner neuen Familie gehabt. Wir haben einmal im Jahr zu Weihnachten telefoniert. Er schien mir immer verschlossener zu werden. Ich glaube, er hatte Schuldgefühle, einfach abgehauen zu sein. Er hat ja auch ein Konto auf deinen Namen eingerichtet. Am Grab standen viele Leute, er war wohl doch beliebt«, seufzte Martin, als ob er einen Schlusspunkt unter dieses Thema setzen wollte. »Du wirst dich jetzt erst mal bei uns erholen, das ist dein Recht, nach allem, was du erlebt hast. Und dann sehen wir weiter!«

Doch ich blieb nicht lange in Bad Wildungen. Ich wollte mich erst gar nicht daran gewöhnen, abhängig zu sein. Suchte nach eigenen Wegen. Nicht, weil ich meine Verwandtschaft nicht mochte, sondern weil ich mir endlich den lang gehegten Traum einer eigenen freien Existenz und einer eigenen Wohnung verwirklichen wollte.

Zunächst mietete ich eine kleine Dachwohnung in Lobbach nahe Heidelberg. Doch schon bald wuchsen meine Ansprüche, und ich wünschte mir eine moderne Einrichtung.

In Stuttgart-Weilimdorf zog ich in eine Drei-Zimmer-Wohnung mit Einbauküche. Der Bau war erst vier Jahre alt, und ich hatte das Gefühl, mitten ins Paradies geraten zu sein. Die Wohnung war für meine Verhältnisse ausgesprochen schick. Sie lag im Parterre, hatte eine kleine Terrasse nach Süden, mit Blick auf eine grüne Oase. Onkel Martin half mir bei der Einrichtung und den notwendigsten Umzugsarbeiten. Ich kaufte nur das Nötigste und stellte große Bilder von meinen Mädchen, meiner Mutter und meinem Vater auf den Schreibtisch. Ein Zimmer hielt ich für meine Mädchen frei. Ich war mir so sicher, dass sie schon bald kommen würden.

Inzwischen hatte ich bereits mehrere Briefe an Politiker und Hilfsorganisationen geschickt und gebeten, mir bei der Ausreisebewilligung für meine Töchter behilflich zu sein. Ich legte immer Kopien von den Briefen der Mädchen dazu, um deutlich zu machen, wie sehr sie sich danach sehnen, bei mir zu leben.

Im Augenblick war der Briefverkehr zu ihnen total unterbrochen. Meine Päckchen und Briefe kamen nie in Dresden an, und umgekehrt erhielt auch ich von meinen Kindern keine Post. Seit sechs Wochen war ich nun schon ohne Nachricht.

Auch die Behörden und Politiker schrieben nur die üblichen Ausweichantworten, bedauerten mein Schicksal, sahen jedoch keine Möglichkeit, konkret zu handeln, versprachen aber immerhin, sich weiter zu bemühen. Jeder bemühte sich, aber keiner handelte.

Ich war verzweifelt und allein. Ich stolperte von einem Tag in den anderen, ohne wirklich meine Freiheit im Westen genießen zu können. Was war das alles ohne meine Kinder! Es musste einen Ausweg geben! Als sich nach einem halben Jahr immer noch keine Lösung abzeichnete, entschloss ich mich, massiv an die Öffentlichkeit zu treten.

»Das ist der einzige Weg, erfolgreich zu sein«, hatte man mir von Seiten der »Internationalen Gesellschaft für Menschenrechte« (IGFM) geraten. Man hatte mir versprochen, mir dabei zu helfen. Auch die Organisation »Hilferufe von drüben«, die sich schon während der Haft um mich gekümmert und ständig beim »Ministerium für innerdeutsche Beziehungen« um meine Freilassung gekämpft hatte, sprach mir Mut zu und riet, an die Öffentlichkeit zu gehen.

Während einer Veranstaltung der IGFM in Frankfurt lernte ich Erhard Göhl kennen. Er hatte in den fünfziger Jahren wegen angeblicher Spionage in Bautzen gesessen, war inzwischen rehabilitiert und hatte damit begonnen, politischen Häftlingen zu helfen. Er setzte sich in der Politik und bei den Medien für einzelne Personen und ihre Schicksale ein und fand immer die richtigen Worte, um Trost zu sprechen. Im Laufe der Zeit hatte er sich ein unglaubliches Wissen um politische Zusammenhänge angeeignet, und es war immer interessant, mit ihm zu plaudern. Wir saßen oft Stunden zusammen und beratschlagten, wie es weitergehen sollte. In mir tobten so viele Gefühle. Angst, Wut, Verzweiflung, die Ungewissheit, die Kinder jemals wiederzusehen. Doch es war gut, jemanden an der Seite zu haben, der sich wie ein Seelsorger um seine inhaftierten Schäfchen kümmerte. Über ihn lernte ich auch viele interessante Medienleute kennen, wie Helmut Kamphausen, Claus Peter Claussen oder Gerd Knesel, die mich alle großartig und warmherzig unterstützten.

»Ich werde dein Schicksal im *ZDF-Magazin* publik machen«, bot mir Gerhard Löwenthal, Moderator politischer Magazine beim ZDF und Präsident der Organisation »Hilferufe von drüben« an. »Nach meiner Erfahrung müssen die darauf reagieren!«, meinte er. »Die Roten drüben und die Roten hier bei uns hassen mich zwar, weil ich die Wahrheit sage und niemanden schone. Aber sie müssen wissen, dass du nicht alleine dastehst mit deinen Forderungen. Wir werden denen schon Dampf machen. Da kenn ich mich aus!«

Wegen seiner direkten Art und seiner offenen kämpferischen Haltung gegen die DDR musste er oft Kritik einstecken und sich als Hetzer und Propagandist der Schwarzen beschimpfen lassen. Doch in der DDR galt »Löwi« unter den »Politischen« als eine Art Volksheld. Sein *ZDF-Magazin* hatte traumhafte Einschaltquoten im Osten. Freund wie Feind saßen am Dienstagabend vor dem Bildschirm, um die Neuigkeiten aus der Widerstandsszene der DDR zu erhalten. Viele erfuhren durch seine Sendung, dass es überhaupt politische Häftlinge in der DDR gab und wie sie misshandelt wurden. Immer wieder entlarvte er die Stasi als zähnefletschenden Kampfhund, der den Parteigenossen der SED ihren vom Volk nicht legitimierten Machtbereich frei biss und viele Wunden und Narben in der Bevölkerung hinterließ. So merkwürdig Löwenthals drastische, bisweilen auf Konfrontation ausgerichtete Art manch einem erscheinen mochte – es gab wenige, die den Mut hatten, das begangene Unrecht in der DDR so konkret beim Namen zu nennen. Damit schuf er sich Feinde, nicht nur bei den Betroffenen, sondern vor allem bei jenen, die alles vertuschen wollten.

Ich war überrascht, dass die DDR-Regierung in weiten Teilen der Politik und Presse der Bundesrepublik so viel Ansehen und Verständnis genoss. Viele sprachen sogar offen darüber, die DDR als zweiten deutschen Staat anzuerkennen. Wie konnte man überhaupt darauf kommen, solch ein Unrechtsgebilde anerkennen zu wollen? Doch es gab wohl zu viele wirtschaftliche Interessenfelder, die den Flirt zwischen den beiden deutschen Regierungen begünstigten. Der Preis war eine Art gegenseitiges Stillhalteabkommen. Man duldete sich, weil man Geschäfte miteinander betrieb. Da waren solche wie ich für beide Seiten nur Störenfriede.

Die Erkenntnis, dass sich in meiner Angelegenheit monatelang nichts tat und wohl auch nicht so schnell etwas passieren würde, stärkte mich in dem Entschluss, mit aller Kraft an die Öffentlichkeit zu gehen.

Am 4. Oktober reiste ich nach Berlin, um mich mit einem Protest-Plakat an den Checkpoint Charlie zu stellen. Das selbst gefertigte Plakat trug ich vor dem Bauch. In riesigen Lettern stand darauf geschrieben: »GEBT MIR MEINE KINDER ZURÜCK!« Darunter hatte ich die Bilder von Claudia und Beate geklebt. Auf meinem Rücken war zu lesen: »WAS MENSCHEN VERBINDET, KÖNNEN GRENZEN NICHT TRENNEN!«

Die ersten Stunden meines Protest-Tages fühlte ich mich schrecklich. Ich war es nicht gewohnt, auf offener Straße zu provozieren, von vielen Leuten angestarrt zu werden.

Ein Hauptmann der DDR kam bis auf wenige Schritte an die Demarkationslinie und fotografierte mich auffällig von allen Seiten. Immer mehr Leute, darunter Schulklassen, umkreisten mich und wollten genau wissen, was geschehen sei. Die meisten Menschen waren sichtlich betroffen und versprachen, mir zu helfen. Auch die Berliner Tagespresse, Radio und Fernsehen berichteten über mein Schicksal.

Unter den Neugierigen befanden sich auch einige Schleuser, die mir das Angebot machten, meine Kinder mit sicheren Methoden rüberzuholen. Einer dieser Männer benahm sich so auffällig, schaute sich ständig um und glaubte, überall Mithörer und Spitzel identifizieren zu können, dass selbst ungeübte Polizisten erkennen konnten, dass mit diesem jungen Mann etwas nicht in Ordnung war. Nein, ich wollte mich auf keinen Fall mehr auf solche illegalen Fluchthelfer einlassen. Ich wollte unter keinen Umständen meine Kinder in Gefahr bringen. Dieses Mal musste alles legal ablaufen. Es war mein Recht, die Kinder bei mir zu haben, und ich würde dieses Recht durchboxen. Mit den Mitteln des Rechtsstaates und den Argumenten der Menschenrechtskonventionen. Es gab genug politische Druckmittel, um für mein Recht zu kämpfen. Und so dauerte es nicht lange, bis die Fluchthelfer merkten, dass ich nicht der richtige Ansprechpartner war.

Nach der anfänglichen Scheu, wildfremden Menschen meine Geschichte zu präsentieren, begann ich mich daran zu gewöhnen, am Checkpoint Charlie im Mittelpunkt des öffentlichen Interesses zu stehen. Von Tag zu Tag ging ich selbstbewusster auf die Leute zu. An diesem historischen Ort frei reden zu können gab mir Kraft. Endlich konnte ich sagen, was ich dachte, musste nicht aufpassen, ob jemand mithörte. Ich konnte mir alles von der Seele reden. Mit den Menschen diskutieren, debattieren, argumentieren. Es war wunderbar und für mich wichtiger als Wasser und Brot. Nicht mehr nur die Gedanken waren frei, sondern ich konnte meine Meinung so formulieren, wie ich wollte. Ohne das Risiko eingehen zu müssen, deshalb verhaftet zu werden. Wer das nicht erlebt hat, kann vielleicht nicht nachvollziehen, was einem das bedeutet. Nie mehr habe ich die besondere Bedeutung der Redefreiheit mehr genossen als in dieser Zeit.

Es kamen viele Deutsche, meist Berliner, an den Checkpoint Charlie. Wieder und wieder musste ich meine Geschichte erzählen. Die meisten wussten nicht, dass der Osten so brutal war, dass es so viele politische Häftlinge gab, dass Menschen gegen Devisen von einem Teil Deutschland in den anderen verkauft wurden. Gerade die Jugendlichen vertraten oft das Ideal einer sozialistischen Weltordnung, in der Papa Staat seine Bürger liebevoll von der Wiege bis zum Tod begleitet und beschützt. Doch das war eine Illusion, und ich war der lebende Beweis dafür. Hier ging es um knallharten Machterhalt, verteidigt von Soldaten einer Armee und einem Geheimdienst, der sogar gegen die eigene Bevölkerung vorging. So wie eben in jeder Diktatur. Manche waren nur schwer von meinem Schicksal zu überzeugen, sahen in mir eine Propagandistin des Westens und eine Verräterin der sozialistischen Werteordnung. Es überraschte mich, wie viele Lehrer linke Parolen vertraten. Ein Lehrer aus Nordrhein-Westfalen machte sich sogar die Mühe, mir zu schreiben, mir zu erklären, weshalb er so dachte, weshalb er links war. Ich schrieb ihm zurück, machte ihm klar, dass ich keine politischen Interessen hätte, dass ich keiner Partei angehören würde, sondern lediglich um das Schicksal meiner Familie kämpfte und den Wunsch hatte, nach dem Tod meiner Mutter die Heimat meines Vaters kennen zu lernen. Und dafür derartig bestraft zu werden könne nicht richtig und erst recht nicht sozial sein. Wir schrieben uns eine Weile, und es bewegte mich, dass dieser Mann, dessen Weltbild theoretisch geprägt war, bereit war, jemanden anzuhören, der ihm aus der Praxis berichtete. Er bewertete von Brief zu Brief seine Ideale kritischer und dankte mir am Schluss für meine Geduld. Er habe jetzt begriffen, dass sich die Welt nicht in Ideologien erklären lasse, sondern viel komplizierter sei, und dass Demokratie immer aus der Lebenssituation der Menschen zu definieren sei. Immer wieder neu und immer wieder offen.

Neben den Deutschen kamen hauptsächlich Franzosen und Engländer, vereinzelt Spanier und Amerikaner zum Checkpoint Charlie. Sie machten ihre Fotos, manche baten um eine Unterschrift, andere fragten, wie sie helfen könnten, und wieder andere suchten eine Möglichkeit, mit Geld- oder Sachspenden für mein

Schicksal einzutreten. Und immer war auch Presse anwesend. Vom Regionalblatt über die Boulevardpresse bis hin zum politischen Magazin sowie Radio- und Fernsehsender war alles vertreten und verbreitete Nachrichten über meine Kinder und mich. Ich war inzwischen die populärste Plakatträgerin in Berlin und machte als »Frau vom Checkpoint Charlie« Schlagzeilen. Ich hoffte so sehr, dass der Osten irgendwann die Nase von meinen Aktionen und der damit verbundenen Öffentlichkeit so voll hatte, dass sie meine Kinder zu mir ließen. Ich hätte alles dafür getan. Ich würde so lange protestieren und demonstrieren, bis sie bei mir waren.

Inzwischen war ich sogar in einen Hungerstreik getreten, wollte damit erzwingen, dass mich meine Kinder wenigstens besuchen durften. Die Berichte in den Zeitungen wurden ausführlicher, und ich fand immer mehr Anhänger, die mich unterstützten und an Honecker schrieben, die Kinder endlich freizugeben. Doch die DDR stellte sich taub. Nur abends, wenn ich in meinem Zimmer, das mir eine Bekannte zur Verfügung gestellt hatte, alleine war, schrillte das Telefon. Meist meldete sich die Stimme eines Mannes, der anonym blieb, am anderen Ende der Leitung.

»Wenn Sie nicht sofort damit aufhören, die DDR öffentlich zu diffamieren, wird das unangenehme Folgen für Sie haben. Wir haben da unsere Methoden!«

Es waren immer nur sehr knappe Anrufe. Oft nur: »Sie werden in den nächsten Tagen bedauerlicherweise einem der vielen Sexualverbrechen zum Opfer fallen. Schade! Aber dann haben Sie wenigstens die Schlagzeile, die Sie verdienen!«

Es war schäbiger, mieser Psychoterror, der allerdings seine Wirkung nicht verfehlte. Ich hatte Angst, auch wenn ich wusste, dass diese Drohungen wohl kaum in die Tat umgesetzt würden, sondern nur dem Zweck dienten, mich einzuschüchtern. Ich hätte am liebsten das Telefon abgeschaltet. Doch das war natürlich nicht möglich. Denn der intensive Kontakt zur Presse, der durch die Aktion zustande gekommen war, schützte mich im Augenblick mehr als irgendeine Waffe. Deshalb musste die Leitung frei bleiben für Interviews und Gespräche.

»Hungerstreik am Ausländerübergang Checkpoint Charlie«, betitelte die *Berliner Morgenpost* ihre Reportage über mich, die *Bild* wählte als Schlagzeile »DDR lässt Kinderstars nicht zur Mutti in den Westen«. Eine Illustrierte schrieb: »Im DDR-Fernsehen leben Claudia und Beate Gallus in einer Musterfamilie. Die beiden Schwestern sind Stars der heiteren Familienserie ›Blick übern Gartenzaun‹! In Wirklichkeit ist ihnen zum Heulen zumute. Denn seit drei Jahren sind sie aus politischen Gründen von ihrer Mutter getrennt …«

Millionen Menschen aus Deutschland, Österreich und der Schweiz lasen oder hörten von unserem grausamen Schicksal.

In Wien hatte Vera Russwurm im *Insider,* einer österreichischen Jugendzeitschrift, zu einer weit reichenden Aktion unter dem Motto: »Für fünf Schilling eine Familie retten?« aufgerufen. Die Menschen wurden gebeten, eine so genannte Appellpostkarte mit der Frage »Wie lange sollen Claudia und Beate noch zwangsweise festgehalten werden?« an Erich Honecker, Marx-Engels-Platz, DDR-1020 Berlin oder an den Genossen Hahn, Rat des Bezirkes, Abteilung Jugendhilfe, Togliattistraße, DDR-8060 Dresden zu schicken.

Viele folgten diesem Aufruf, und viele bekundeten mir brieflich ihre Anteilnahme. Doch was konnten all die lieben Menschen mit ihren guten Absichten gegen einen sturen kommunistischen Machtapparat ausrichten? Nichts! Und noch mal nichts!

Die DDR blieb stumm, alle Verantwortlichen auf Tauchstation.

Ich fürchtete immer mehr, dass meine Töchter darunter leiden mussten, dass ich so oft in den westlichen Medien in Erscheinung trat. Ging ich den falschen Weg? Doch welcher Weg war der richtige? Das konnte mir niemand sagen. Es war schlimm, nie von den Mädchen zu hören. Wenn ich versuchte anzurufen, wurde sofort die Leitung unterbrochen. Einmal hörte ich ganz kurz Beates Stimme: »Ja, bitte?«

»Hier ist Mami«, hatte ich geantwortet. Ich hatte noch jenen Schrei der Freude vernommen, dann hatte es wieder in der Leitung geknackt. Es war offensichtlich, dass das Telefon meines Ex-Mannes abgehört wurde, um unerwünschte Anrufe von meinen Kindern fern zu halten.

Wie sehr sehnte ich mich nach meinen beiden Töchtern! Es war unbeschreiblich! Ich hatte all meine Hoffnung auf den Westen gesetzt, und jetzt saß ich hier und war noch mehr von den Kindern getrennt als zuvor. Ich war so unglücklich! Alles schien fehlzulaufen.

Ein halbes Jahr nach meiner Haftentlassung hatte ich die Gelegenheit, meinen Bruder in Prag zu treffen. Über Deckadressen hatte er mir vermittelt, dass ich eine Woche dort bleiben sollte. Er habe einige Überraschungen für mich. Ich reiste also mit meinem westdeutschen Pass offiziell nach Prag. Damit betrat ich wieder sozialistischen Boden. Mein Herz schlug wie verrückt! Ich hatte Angst, fast Panik, obwohl ich nichts zu befürchten brauchte, wie man mir versichert hatte. Ich wurde behandelt wie jeder westdeutsche Bürger. O mein Gott, dachte ich, wenn ich die Macht hätte, die Grenzen einzureißen, ich würde es auf der Stelle tun. Wer ein Gespür dafür hat, merkt schnell, dass in einem unfreien Land die Luft zum Atmen schwerer ist. Es war wieder alles so grau, und an allen öffentlichen Ecken und in allen Kneipen roch es nach diesem ätzenden Desinfektionsmittel, das wohl irgendein sowjetischer Großkonzern an alle Satellitenstaaten verteilt hatte. Dann die Uniformen und die Gestiefelten. Ein Staat, in dem Uniformträger in solcher Vielzahl auftraten, machte Angst. Dennoch war ich auch aufgeregt, nach so langer Zeit meinen Bruder wiederzusehen. Doch für ihn war es nicht ganz ungefährlich, mich zu treffen. Man musste davon ausgehen, dass er beobachtet wurde.

Er übergab mir eine Reisetasche, voll gestopft mit Botschaften meiner Kinder. Ich weinte vor Glück. So viel hatte ich noch nie bekommen. Briefe, Tonbandkassetten, selbst gemalte Zeichnungen, selbst gebackenen Kuchen und vieles mehr. Auch ich übergab ihm allerhand. Obst, Kleidung und Spielsachen für die Mädchen und natürlich meine Bitte, dass sie durchhalten sollten, dass ich weiterhin alles tun werde, was in meiner Macht steht, um sie rüber zu holen.

Die Tage gingen viel zu schnell vorbei, und ich hatte solche Sehnsucht nach meinen beiden Töchtern. Ich ließ mir immer wieder von meinem Bruder erzählen, was sie tun, wie sie sich verhalten, wie sie langsam erwachsen werden. Mein Hass auf die DDR wuchs und wuchs, je länger sie mich hinhielten. Welchen politischen Nutzen hatte es, meine Kinder festzuhalten? Mein Bruder schaute mich mit seinen traurigen braunen Augen an. »Sie sind intelligent. Sie wissen, dass sie bald alleine sind, wenn sie die Grenzen öffnen oder es zulassen, dass jeder raus kann. Sie wissen ganz genau, dass sie nur regieren können, wenn sie den Leuten Angst machen. Und die meisten wollen keinen Stress. Das ist so und das wird auch so bleiben.«

Indirekt machte er mir so den Vorwurf, vielleicht zu weit gegangen zu sein. Ich sei schließlich nicht in der Lage, die Diktatur zu kippen, das hätte ich wissen müssen.

»Wenn alle so denken?«, fragte ich ihn. Er wusste darauf keine Antwort. Ich verstand. Er musste irgendwo auch seine Haltung verteidigen. Sonst hätte er nicht mehr in den Spiegel blicken können. Das Leben in der Nische und das Leben draußen und die Mauer sind verschiedene Paar Schuhe, pflegte er oft zu sagen. Er wäre auch lieber heute als morgen gegangen, aber er hätte es niemals gewagt. Und ich musste das respektieren, so wie er meine Entscheidung respektierte.

Schon sein Ausflug nach Prag brachte ihm Schwierigkeiten. Man hatte sein Auto aufgebrochen und alles gestohlen, inklusive der Tasche mit den Ausweisen. Vermutlich dachten sie, mein Bruder würde jetzt denselben Fehler machen, den ich schon begangen hatte, und versuchen, sich von der westdeutschen Botschaft Ersatzdokumente zu besorgen. Doch er hatte längst mitbekommen, dass er verfolgt wurde, und verhielt sich wie jeder brave DDR-Bürger und ging in die richtige Botschaft. Ansonsten wäre auch er auf der Stelle verhaftet worden.

Es war unser letzter Tag. Wir saßen in einem Restaurant. Claus nahm plötzlich meine Hände und blickte mir sehr ernst in die Augen, so als wolle er mir ein Geheimnis anvertrauen.

»Claudia und Beate sind genauso verzweifelt wie du, wollen weg. Zweimal sind sie schon ausgerissen, aber man wendet alle Tricks an, sie in der DDR zu halten. Sie sollten neue Rollen im Fernsehen bekommen, für die Unterschrift, dass sie nicht mehr zu ihrer Mutter wollen. Aber das haben sie nicht gemacht. Sie sind genauso stur wie du. Die Stasi wird sich bei den beiden die Zähne ausbeißen. Die kennen den Dickschädel unserer Familie nicht«, scherzte Claus.

Ich musste lachen. »Mensch, Claus, das ist das tollste Weihnachtsgeschenk, das du mir machen konntest! Bestimmt. Ich bin so stolz auf meine Mädels! Wenn wir nur zusammenhalten, dann werden sie nachgeben müssen. Meinst du nicht auch?«

»Doch, bestimmt!«

»Sag mal, hast du Nachteile, privat, wegen mir?«

»Es geht, das Übliche«. Claus verdrehte die Augen. »Du weißt schon.«

Ich wusste nur zu gut.

»Warst du schon bei Herbert am Grab?«, fragte Claus unvermittelt.

Ich schüttelte den Kopf. »Nein, Claus, ich kann das noch nicht. Ich will da nicht hin! Jetzt noch nicht. Ich habe noch so vieles mit mir selbst zu tun. Die Sache mit den Mädels deprimiert mich so. Es hilft niemandem, wenn ich dorthin gehe. Vielleicht störe ich nur.«

Claus schaute nervös auf die Uhr. Er musste los. Diese Begegnung war viel zu schnell vorübergegangen. Ich hielt ihn lange fest, ehe ich ihm tränenüberströmt nachwinkte.

»Es wird eines Tages alles anders kommen, bestimmt!«, hatte er mich zum Schluss getröstet.

Alles anders!

Da musste man sich heimlich und unter Risiko mit seinem Bruder im Ausland treffen, weil es die Bonzen so wollten. Weil sie ihr Vergnügen daran hatten, denen wehzutun, die dem selbstherrlichen Machtapparat SED nicht zu Füßen lagen.

Ich las im Zug nach Stuttgart mehrmals die Briefe meiner Töchter. Immer wieder schrieben sie: »Wir wollen unbedingt zu dir! Bitte Mami, lass uns hier nicht allein! Wann wird es denn Wirklichkeit, dass wir uns wiedersehen? Wir hoffen so sehr! Deine Mäuse Claudi und Beate.«

Ja, wann würde es Wirklichkeit? Das war die zentrale Frage. Vielleicht dürfen die Kinder bis Weihnachten ausreisen, hoffte ich. Sie wollten es doch so gerne und litten genauso unter den Umständen wie ich selbst. Niemals die Hoffnung aufgeben, so lautete die Parole, an der sie festhalten wollten. Doch es war so schwer, wenn am Horizont nicht mal der kleinste Hoffnungsschimmer zu erkennen war.

Auch zu Hause las ich Dutzende Male die Briefe meiner Kinder und hörte ihre Stimmen auf den Kassetten. Ich weiß nicht, woher, aber ich hatte die Hoffnung, dass sie bald kommen würden. Doch dann wachte ich wieder morgens auf und hatte Angst, dass die Grenzen noch dichter werden würden, als sie es ohnehin waren. Wohin steuerte die große Politik? Ich verfolgte jeden Abend die Nachrichten, um die politische Großwetterlage immer im Auge zu behalten.

An einem Sonntagnachmittag erwartete ich Gerhard Löwenthal. Ich hatte einen gedeckten Apfelkuchen gebacken. Ein bisschen Abwechslung würde mir gut tun. Sicher brachte er auch neue Ideen mit, um mir zu helfen. Ich war ziemlich deprimiert, als er kam.

»Wie geht's?«, fragte er gespannt. »Noch keine positiven Reaktionen aus Bonn?«

Ich sah in ihm wirklich einen Freund, einen, der um meine Verzweiflung wusste, der mich nicht nur benutzte, um eine gute Story zu verkaufen.

»Es geht mir nicht gut«, sagte ich ehrlich. »Ich habe manchmal genug von allem. Ich will keine große Politik machen, im Schussfeld der Stasi stehen, ich will kein Medienfutter sein. Ich will nur, dass endlich Claudia und Beate wieder bei mir sind. Dass es ist wie früher. Es ist so schrecklich, allein zu sein. Wir drei haben immer zusammengelebt. Ich habe ihnen Kleider genäht, mit ihnen gespielt, bin mit ihnen Eis essen gegangen, habe mir ihre kleinen und großen Sorgen angehört, habe ihre hübschen braunen Haare zu Zöpfen geflochten. Ich habe sie geboren, Gerhard, bin mit ihnen gewachsen – mein geschiedener Mann hat damals noch nicht mal von seinem Besuchsrecht Gebrauch gemacht, obwohl wir im selben Haus leben mussten –, und jetzt soll alles das zu Ende sein? Manchmal habe ich so viel Angst, dass ich sie nie wiedersehen werde. Ich sehe dann meinen Vernehmer vor mir, den mit der Strickjacke, der grinst und mir sagt: ›Die Kinder werden Sie nicht mehr bekommen!‹ Ich habe einen Fehler gemacht, Gerhard, der Preis ist zu hoch!«, geißelte ich mich selbst mit Vorwürfen.

»Nein, Jutta, wir werden es gemeinsam schaffen! Bestimmt! Keiner wird dich im Stich lassen. Ich am allerwenigsten. Das weißt du«, versuchte er mir Mut zu machen.

Es war nicht zu verstehen! Der einzige Lichtblick in meinem Leben: Ich traf mich ab und zu mit Fussel, die in der Nähe von Konstanz eine Stelle als Kindergärtnerin gefunden hatte und recht zufrieden mit sich und der Welt war. Wir tauschten Erinnerungen aus, und Fussel ermutigte mich enthusiastisch.

»Dein Kampf wird sich auszahlen, das weiß ich. Wer kämpft, gewinnt!«

»Oder er geht unter«, ergänzte ich pessimistisch.

Weil ich es nicht ausgehalten hätte, das Weihnachtsfest bei Onkel Martin und Tante Ilse zu feiern, so, als ob alles in Ordnung sei, stellte ich mich in Bonn vor die dortige DDR-Vertretung. Ich hatte einen kleinen Weihnachtsbaum gekauft und ihn neben mich gestellt. Es war eisig kalt, und ich holte mir rote Finger und auch ein rotes Gesicht, aber ich blieb stehen. Ich wollte an diesem Tag protestieren. Mein blasses, schmal gewordenes Gesicht wurde von einer dicken Pudelmütze eingerahmt.

Eine amerikanische Journalistin, die in Bonn akkreditiert war und mehr zufällig an der DDR-Vertretung vorbeikam, stellte sich zu mir. Eine kleine blonde Frau mit knallroten, plüschigen Ohrwärmern.

»Das ist wirklich unglaublich!«, entrüstete sie sich, als ich ihr die Zusammenhänge erklärte. Sie war noch jung, kam direkt aus Washington und war erst seit wenigen Monaten in der Bundesrepublik als Korrespondentin für mehrere Zeitungen tätig. Einige Tage später erschien eine Reportage von ihr in der *New York City Tribune* unter dem Titel »East German refugee keeps lonely vigil on Bonn street«. Sie hatte meine Adresse und schickte mir ein Belegexemplar ihrer Reportage mit folgendem Gruß: »Ich hoffe und bete für dich und deine Kinder. Susan.«

Doch wie die Monate zuvor blieben meine Wünsche unerfüllt. Wenigstens hatte ich die Tonbänder und die Briefe. Außerdem war mir über »Hilferufe von drüben« ein Mann vermittelt worden, der in der DDR ein Netz von Deckadressen aufgebaut hatte und einen reibungslosen Postverkehr garantierte. Er war Mönch in einem Kloster in Münster, und wir nannten ihn »Onkel Theo«. Ein gemütlicher Mensch mit viel Schalk und Humor.

»Lass mal, wir tricksen die von der Stasi schon aus, wir sind besser als die«, tröstete er mich.

Seither klappte es mit der Post wirklich fabelhaft. Ich war glücklich. Endlich stand ich wenigstens in Verbindung mit meinen beiden Töchtern. Das war ein enormer Gewinn. Ich war auf dem Laufenden, wusste, was geschah. Pater Theo war wie ein Geschenk des Himmels. Wo immer er konnte, stellte er die durch die Stasi zerstörten Kommunikationsmöglichkeiten wieder her. Allerdings nur im familiären Bereich. Für politische Kurierdienste hätte er seine Kontaktbörse im Osten nicht missbraucht. Ein rührender und rühriger Mensch, der wahrlich einen Heiligenschein verdient hätte!

Auf politischer Ebene tat sich nichts. Ein Ludwig Rehlinger, Staatssekretär beim »Ministerium für innerdeutsche Beziehungen« schien dafür eingesetzt, die Geduld der Betroffenen bis aufs Letzte auszureizen und sie pressescheu zu machen. Man solle abwarten, was und wie lange wurde nie gesagt. Ich wollte aber nicht mehr warten.

Großartige Hilfe erhielt ich nach wie vor von der Organisation »Hilferufe von drüben«. Besonders ein Ehepaar aus Hamburg, Erich und Inge Dangschat, setzte sich für mich ein. Sie fuhren beide Taxi und hatten sich vorgenommen, den Flüchtlingen aus dem Osten zu helfen. Deshalb klebten sie Plakate und schrieben Petitionen, hatten immer ein offenes Ohr für Sorgen und Nöte. Viele Menschen hätten nicht ihre Zeit geopfert, um sich für wildfremde Personen einzusetzen, doch die beiden waren so großzügig und großherzig wie Engel. Und ich wusste dies zu schätzen. Noch heute haben wir Kontakt, und ich denke mit viel Liebe und Dankbarkeit an die vielen hilfreichen Stunden.

Die »Helfenden Hände«, von Gerhard Löwenthal und Claus Peter Claussen, den Vorsitzenden des Vereins »Hilferufe von drüben« ins Leben gerufen, waren dafür da, die Angekommenen mit dem Nötigsten zu versorgen. Man war dankbar für Kleider und Sachspenden. Denn es fehlte nach den langen Jahren der Haft an allem. Und ehe man in der Bundesrepublik richtig Fuß fassen konnte, vergingen oft Monate oder, wie in meinem Fall, Jahre, weil ich nur damit beschäftigt war, Aktionen zu planen, um meine Kinder zu befreien. Mehrfach war ich zu Gast im *ZDF-Magazin,* um Gerhard Löwenthal während seiner Sendung zu berichten, was sich in meinem Fall bewegt. Es war von Löwenthal wirklich mutig, diesen Schicksalen, oft gegen den erbitterten Widerstand der ZDF-Intendanz, einen öffentlich-rechtlichen Raum zu geben. Manche beschimpften ihn als Provokateur und Imperialisten, doch ihm ging es immer um die demokratischen Werte und Grundrechte. Als Jude hatte er am eigenen Leib erfahren, was Faschismus und Diktatur aus Menschen macht. Er hatte sich in seiner Jugend geschworen, nie mehr den Mund zu halten, wenn ihm Unrecht begegnet. Dass sich ausgerechnet die rote Diktatur mit dem Saubermann-Image der Antifaschisten schmückte, passte ihm nicht ins seine Vorstellung von Gerechtigkeit. Nur ehrliche Demokraten hatten bei ihm eine Chance. Er war für manche vielleicht ein bisschen rau, trank manchmal das eine oder andere Glas zu viel Aquavit, aber seine Loyalität und sein Mut, sich trotz der vielen Anfeindungen für seine Überzeugungen einzusetzen, bewunderte ich. Ohne Menschen wie ihn wären wir und unsere Schicksale vergessen worden.

Mit Hilfe der »Internationalen Gesellschaft für Menschenrechte« wollte ich weiterhin öffentlich gegen das Vorgehen der DDR in meinem Fall protestieren.

Für den April 1985 war eine Audienz von Erich Honecker beim Papst angekündigt. Ich wollte diese Begegnung nutzen, um dem Papst eine Petition zu übergeben. Ich hoffte so sehr, dass mein Einsatz etwas bewirken würde. Konnte es sich Honecker leisten, dem Papst in Sachen Familienzusammenführung zu widersprechen? Das würde doch auf ihn selbst zurückfallen, sein internationales Ansehen schmälern.

»Bitte, lieber Gott, wenn es Dich gibt, und es wird Dich wohl geben, dann gib mir die Kraft und den Mut, das alles durchzustehen und nicht schlappzumachen«, betete ich einen Tag vor meiner Reise nach Rom.

Ich stellte mich noch vor Honeckers Besuch vor die Botschaft der DDR und veranstaltete einen stummen Protest. Als man in der Botschaft bemerkte, was sich vor dem ostdeutschen Amtssitz ereignete, wurden die italienischen Carabinieri zu Hilfe gerufen. Sie umzingelten mich und baten mich freundlich, ohne Aufhebens mitzukommen, da ich angezeigt worden wäre und es sich bei meinem Auftritt um eine nicht genehmigte Demonstration handle. Man wolle Konflikte vermeiden. Das wollte ich auch.

Doch wer dachte an meinen Konflikt? Ich hasste es, zu demonstrieren. Aber es musste sein.

Ich fürchtete zunächst, wieder im Gefängnis zu landen. Ich hätte nie geglaubt, dass man ausgerechnet in Italien festgenommen wird, wenn man ein Plakat in der Hand hält. Schließlich bedrohte ich niemanden.

Ich versuchte mich, so gut es ging, herauszureden, doch meine Personalien wurden aufgenommen. Sechs Stunden saß ich in einem Raum fest. Dann endlich kamen Freunde von der »Internationalen Gesellschaft für Menschenrechte« mit einigen Journalisten. Gemeinsam erklärten sie der Polizei, worum es sich handle und dass ich von der Organisation die Genehmigung habe, beim Papst eine Petition abzugeben. Man hatte plötzlich sehr viel Verständnis für meine Lage und ließ mich gehen, erteilte mir jedoch ausdrücklich das Verbot, vor der Botschaft der DDR zu demonstrieren. Es habe vom Botschafter der DDR eine massive Beschwerde gegeben. Man wolle Ärgernisse vermeiden.

Am Abend las ich nochmals den Brief durch, den ich an den Papst verfasst hatte:

21.4.1985

Sehr verehrter Heiliger Vater!
Ich sehe das Licht der Erlösung nach einem langen Weg des Leidens und Hoffens in Zusammenhang mit der Audienz, die Sie dem Staatschef der DDR, Herrn Erich Honecker, gewähren. Nach meiner Scheidung war ich alleinige Erziehungsberechtigte meiner beiden Töchter Beate und Claudia, die jetzt 12 und 14 Jahre alt sind. Da einer offiziellen Übersiedlung zu meinem in der Bundesrepublik lebenden Vater nicht stattgegeben worden war, hatte ich mich mit meinen

Kindern gemeinsam zu einem Fluchtversuch über Rumänien entschlossen. Nach dem Misserfolg dieses Versuchs musste ich bis zu meinem vorzeitigen Freikauf durch die Bundesrepublik am 18.4.1984 21 Monate im Frauenzuchthaus Burg Hoheneck in unmenschlicher Terrorhaft mit Mördern und Verbrechern zubringen. Die Kinder standen trotz psychischen Drucks seitens der Staatssicherheitsorgane der DDR zu mir und schrieben viele Briefe. Sie wollen zu mir ziehen, das schreiben sie fast täglich und haben es mir auch über ein Tonband vermittelt, da wir offiziell über das Telefon nicht miteinander sprechen dürfen. Da ich wegen dieser Zwangstrennung psychische und physische Schäden bei meinen Töchtern befürchten muss und ich auch selbst als Mutter kaputtgehe, flehe ich Sie an, sich bei der Audienz mit dem DDR-Staatschef Honecker mit all Ihren Fürsprachemöglichkeiten für unsere Familienzusammenführung einzusetzen und ihn an Menschenrechte und international eingegangene Vereinbarungen zu erinnern.
Mit ergebenster Hochachtung, eine hoffende Mutter
Jutta Gallus

Ich traf den Papst am darauf folgenden Vormittag, als dieser die Gemeinde der Gläubigen segnete und auf dem Petersplatz jene Gruppe von Menschen aufsuchte, die ihm eine persönliche Botschaft übergeben wollte.

Mir zitterten die Knie. Was sollte ich nur sagen? Verstand er überhaupt meine Sprache? Ich konnte weder Polnisch noch Italienisch. Ich hatte Angst, mich zu verhaspeln, vor lauter Aufgeregtheit zu vergessen, was ich sagen wollte. Doch als er vor mir stand und um mein Anliegen bat, vergaß ich alle Ängste. Es ging nur noch um Beate und Claudia.

Der Papst nahm meine Hand, ein Begleiter sammelte sämtliche Petitionsschreiben ein, die an den Papst gerichtet waren.

»Ich verspreche«, sagte der Papst in verständlichem Deutsch mit leichtem polnischen Akzent, »dass ich mich bei Erich Honecker für Sie verwenden werde. Aber ich bin kein Politiker, und ich kann nur hoffen, dass er Ihrer Bitte, durch mich übertragen, folgen wird. Auch ich bin der festen Überzeugung, dass Kinder zu ihrer Mutter gehören, dass es da keine politischen Barrieren und Grenzen geben darf.«

Dann segnete er mich »Im Namen des Vaters, des Sohnes und des Heiligen Geistes« und schritt mit würdevollen Gesten zum nächsten Schicksal. So viele gab es, die sich Hilfe von ihm erhofften. So viele gab es, die ihm auf dem Petersplatz unter einem strahlend blauen italienischen Himmel ihre tragischen Geschichten erzählten! War er nur ein Tröster in der Not oder konnte er wirklich etwas bewirken?

Ich zweifelte, obwohl ich hoffte. Ich glaubte an Gott, nicht so absolut wie andere, aber ich glaubte an ein höheres Wesen. Doch die Kirche war mir all die Jahre fremd geblieben. Ich hatte durch meine Erziehung nie viel damit zu tun gehabt und auch nicht viel übrig für die rituellen Zeremonien während der Gottesdienste. Trotzdem war ich froh, nichts unversucht gelassen zu haben, auch wenn ich ahnte, dass aufgrund dieses Gespräches keine direkte Wirkung zu erwarten war.

Auch nach der Audienz blieb die DDR stumm.

Mittlerweile waren ich und Gisela Mauritz, deren Sohn zwangsadoptiert worden war, beim »Ministerium für innerdeutsche Beziehungen« auf den ersten beiden Plätzen der Dringlichkeitsliste gelandet. Dies hieß konkret, dass keine Möglichkeit versäumt werden sollte, die DDR bei diplomatischen Verhandlungen auf unsere ungelösten Fälle hinzuweisen. Es ging immer wieder um dasselbe: Frauen, Eltern, Väter wollten ihre Kinder wiederhaben. Es musste Hunderte, ja vielleicht sogar Tausende solcher Schicksale geben!

Ich erfuhr sehr viel von anderen Leidensgenossen, weil ich selbst aktiv war und häufig mit den Organisationen, die anderen ehemaligen DDR-Häftlingen halfen, zu tun hatte.

Da waren Otto und Bärbel Grübel, die gemeinsam mit ihren Kindern Ota und Jeanette im Mai 1973 vergeblich versucht hatten, über die Tschechoslowakei zu fliehen. Sie waren wegen Republikflucht zu jeweils zwei Jahren und zehn Monaten Haft verurteilt worden. Seitdem waren sie von ihren beiden Kindern getrennt. Hörten nie wieder etwas von ihnen. Der Staat hatte ihnen das Erziehungsrecht bereits während der Haft abgesprochen. Als das Ehepaar im Mai 1975 von der Bundesrepublik freigekauft worden war, hatten sie nicht die geringste Ahnung, wo und bei wem ihre Kinder steckten. Sie blieben bis heute wie vom Erdboden verschluckt.

Angesichts dieses Schicksals war ich froh, wenigstens Kontakt zu meinen Kindern zu haben. Sie waren zu alt gewesen, um sie wegzunehmen und in eine SED-konforme Fremdfamilie stecken zu können.

Die Kinder der Grübels waren drei und vier Jahre alt, als die Flucht misslang. In dem Alter können Kinder noch vergessen, wo sie hergekommen sind. Bei Claudia und Beate war keine Gehirnwäsche mehr möglich gewesen. Mehr als einmal fragte ich mich, warum die DDR solche groben Menschenrechtsverletzungen riskierte, obwohl sie gleichzeitig um internationale Anerkennung warb? Weshalb dieser Zirkus um die ohnehin Abtrünnigen? Es konnte nur damit zusammenhängen, dass die Partei davon ausging, dass Kinder in erster Linie vom Staat und erst in zweiter Linie von den Eltern zu erziehen seien. Die Persönlichkeit, die Arbeitskraft, die Gesundheit, jeder Mensch und jedes Ding gehörten in der DDR der Partei. Die SED hatte die Aufgabe, die Menschen im Sinne aller so zu organisieren, dass sie der Staatslinie treu blieben und nicht absprangen. Deshalb war es nach dem Familienrecht der DDR oberste Elternpflicht, die Kinder staatskonform beziehungsweise SED-konform zu erziehen. Wer dies nicht tat, war asozial, staatsfeindlich, musste logischerweise damit rechnen, dass ihm die Kinder weggenommen wurden.

Wie streng der Kindesentzug gehandhabt wurde, hing offenbar von der Parteitreue der einzelnen Personen in den Jugendämtern ab. Tatsache war jedoch, dass jeder Vertreter im Jugendamt prinzipiell legitimiert war, Kinder aus politischen Gründen ihren Eltern wegzunehmen. Ein Orwell'scher Staat, der seine Bürger zu gefügigen Wesen instrumentalisierte.

Dass solche Methoden nicht erst im Laufe der SED-Regierung ausgeheckt wurden, sondern im Regime, im System tief verankert und verwurzelt waren, erfuhr ich nach und nach durch das Bekanntwerden anderer Schicksale, die vereinzelt in irgendeiner Zeitung mit ein paar Zeilen auf der »Aus aller Welt«-Seite Platz fanden. So hatte ich eines Abends mehr zufällig die *Stuttgarter Zeitung* durchgeblättert und war dabei auf einen Artikel des Journalisten Franz J. Schmid gestoßen. Unter dem Titel »Eltern ins Gefängnis, dem Kind den Namen geraubt« berichtete er über das Schicksal des Christian Dertinger, der in der DDR im Alter von acht Jahren seiner wahren Identität beraubt worden war. Ich las seine Geschichte sehr aufmerksam.

Dass der Staatssicherheitsdienst nicht nur fähig war, die zu Staatsfeinden erklärten Menschen für Jahre verschwinden zu lassen, sondern es sogar fertig brachte, einem völlig

unverdächtigen Kind seine Identität zu nehmen, zeigt ein Schicksal, das nur Eingeweihten bekannt ist.
Die Rede ist von Christian Dertinger aus Leipzig. Als ihm 1953 die Eltern genommen wurden und ihm ein neuer Name gegeben wurde, war er acht Jahre alt. Sein Schicksal führt mitten in die Nachkriegsgeschichte, mitten in die Auseinandersetzung, die mit der Gründung der beiden deutschen Staaten verbunden war. Vater Georg Dertinger war der erste Außenminister der 1949 gegründeten DDR. Der Journalist und Jurist gehörte zu den Gründern der CDU in der damaligen Sowjetzone und wurde deren Generalsekretär. Zwangsläufig hatte er engen Kontakt mit Jakob Kaiser (später Minister für gesamtdeutsche Fragen in Bonn), Ernst Lemmer, Otto Lenz, die alle ihre politische Karriere im Westen fortsetzten. Georg Dertinger blieb auch dann noch, als die Ost-CDU brutal auf den Kurs der SED getrimmt wurde. Ungeachtet seiner exponierten Stellung hat er wohl die Kontakte zu CDU-Leuten im Westen niemals ganz abreißen lassen, möglicherweise ist ihm dies zum Verhängnis geworden.
Am 15. Januar 1953 wurde Georg Dertinger in Berlin mitten in der Nacht verhaftet, zugleich seine Frau, die heute in Bonn lebt, seine damals 76 Jahre alte Schwiegermutter und die beiden älteren Kinder, 15 und 14 Jahre alt. Georg Dertinger wurde später wegen Verschwörung gegen die DDR zu 15 Jahren Zuchthaus verurteilt, seine Frau wegen Mitwisserschaft zu acht Jahren; die Großmutter wurde nach eineinhalb Jahren Untersuchungshaft ohne Urteil entlassen. Der älteste Sohn Rudolf saß wegen angeblicher Spionage bis 1956 im Jugendknast Dessau, seine Schwester Octavi wurde 16 Monate in Schutzhaft genommen.

Blieb noch der Jüngste der Familie, der achtjährige Christian, den man beim besten Willen nicht zum Spion oder Konterrevolutionär erklären konnte. Christian Dertinger erinnert sich noch genau jener schlimmen Nacht, in der das Haus umstellt und die Mutter abgeholt wurde. Die Stasi-Leute erzählten ihm, die Mutter müsse nur mal eben nach Berlin, am Morgen werde sie wieder daheim sein. Christian verzog sich mit dem Hund in sein Zimmer. Doch als er am anderen Morgen aufwachte, war auch die geliebte Großmutter weg. Unterdessen wurde das Haus von der Polizei auf den Kopf gestellt. Nachmittags wurde er nach Pankow gebracht, dort traf er die Geschwister. Der Bruder war aus einem Konvikt geholt, die Schwester beim Klassenausflug festgenommen worden. Ein Paar, dessen Namen sie nie erfuhren, vermutlich Stasi-Mitarbeiter, betreute die drei. Das Grundstück wurde Tag und Nacht von Polizisten mit Hunden bewacht. Im März wurden Bruder und Schwester abgeholt. Wie sich später herausstellte, kamen sie in einen so genannten Jugendwerkhof, eine Art Fürsorgeerziehung. Jetzt war Christian Dertinger endgültig von seiner Familie getrennt.

Der nächste Lebensabschnitt kündigte sich an, als er nach Schönebeck, 15 Kilometer südlich von Magdeburg, gebracht wurde. Dort empfing ihn eine sehr mütterliche, etwas füllige, kleine Frau, drückte ihn an sich und nahm ihn wie einen eigenen Sohn auf. Bei den Pflegeeltern blieb er sieben Jahre lang und fühlte sich eigentlich wohl und geborgen.

Dem Jungen wurde bei der Ankunft in Schönebeck folgende Geschichte erzählt, die ihm zu einem neuen Leben verhalf: Die Dertingers seien gar nicht seine richtigen Eltern, sie hätten ihn nur adoptiert. Denn seine Mutter und sein Vater

Claudia und Beate Gallus als Kinderstars in der DDR TV-Serie »Geschichten übern Gartenzaun« (1983/84)

Jutta Gallus bei einer Protestaktion für die Freilassung ihrer Töchter vor der DDR-Vertretung in Bonn, Weihnachten 1984

Solche Zeichnungen hatten die beiden Mädchen ihrer Mutter ins Gefängnis geschickt, wo sie wegen versuchter Republikflucht mehrere Jahre einsitzen musste.

Die Haftanstalt Burg Hoheneck in Stollberg. Bis zu tausend Gefangene konnten hier untergebracht werden.

In diesen so genannten »Tigerzellen«, die unterirdisch lagen und kein Fenster hatten, kamen Gefangene in den Strafarrest. Die Zellen konnten geflutet werden, so dass die Gefangenen stundenlang oder tagelang im Wasser stehen mussten.

SUOMEN HELSINKI-RYHMÄ
HELSINGFORS-GRUPPEN I FINLAND
THE HELSINKI GROUP OF FINLAND

SHR

Herrn Erich Honecker,
Generalsekretär des Zentralkomitees der
sozialistischen Einheitspartei
Haus des Zentralkomitees der sozialistischen Einheitspartei
1 0 2 0 B E R L I N
Deutsche Demokratische Republik

BStU
000052

Sehr geehrter Herr Generalsekretär,

Während des kürzlich hier gefeierten zehnjährigen Jubiläums der Unterzeichnung der Schlussakte der Konferenz über Sicherheit und Zusammenarbeit in Europa, hat der Kampf von Frau Jutta Gallus-Schmidt um die Wiedervereinigung mit ihren in der DDR zurückgebliebenen Kindern eine peinliche Aufmerksamkeit erweckt.

Der Umstand, dass die Regierung der DDR Frau Gallus-Schmidt die Ausreiseerlaubnis bewilligt hat, nicht aber ihren Kindern, steht nach unserer Auffassung im Widerspruch sowohl zu den allgemein anerkannten Grundsätzen einer menschlichen Handlungsweise, wie auch zu den im Abschnitt "Menschliche Kontakte; Familienzusammenführung" der von Ihnen, Herr Generalsekretär, unterzeichneten Schlussakte obiger Konferenz dargelegten Absichten.

KOPIE BStU

Wir sind überzeugt, dass das realsozialistische System sich nirgends, im Besonderen nicht in der DDR auf solche Massnahmen zu stützen braucht, wie die Trennung einer Mutter von ihren Kindern, wobei diese - der Ausdruck wird unvermeidlich - gewissermassen als Geiseln zurückbleiben. Zu beachten ist, dass diese Massnahmen am härtesten die an eventueellen Vergehen der Eltern völlig unschuldigen Kinder treffen

In Finnland, einer neutralen Demokratie, fällt es dem "Mann auf der Strasse" besonders schwer, für solche Massnahmen Verständnis aufzubringen. Wir möchten hier der Hoffnung Ausdruck geben, dass Sie, Herr Generalsekretär, in nächster Zukunft den Kindern von Frau Gallus-Schmidt

/2

Kopie BStU
AR 8

Die zwei Seiten zeigen einen Auszug aus einem Dokument der Stasi-Geheimdienstunterlagen. Der Leiter der finnischen Abteilung der KSZE Konferenz in Helsinki (Konferenz für Sicherheit und Zusammenarbeit in Europa), Herr Heimo Rantala, mahnt

Herrn Generalsekretär Erich Honecker   Helsinki, 28.8.85   Seite 2
Berlin, DDR

Die Ausreise bewilligen werden, um so diese Familie zusammenzuführen und gleichzeitig das Ansehen ihres geehrten Landes in Finnland zu fördern

Mit vorzüglicher Hochachtung
Helsinki, den 27. August 1985
SUOMEN HELSINKI - RYHMÄ
(Die Helsinki-Gruppe in Finnland)

i.A. Heimo Rantala

D:schlag an die Botschaft der DDR. in Helsinki
D:schlag an Frau Jutta Gallus-Schmidt

Erich Honecker an, die beiden Mädchen zu ihrer Mutter ausreisen zu lassen. Er spricht in diesem Zusammenhang von Geiseln. Solche unmenschlichen politischen Maßnahmen könne niemand verstehen.

Jutta Gallus am Checkpoint Charlie bei Protestaktionen für die Freilassung ihrer Töchter Claudia und Beate (1984/85)

Jutta Gallus bittet Papst Johannes Paul II. anlässlich einer Generalaudienz auf dem Petersplatz in Rom, sich für ihr Anliegen einzusetzen (April 1985)

Jutta Gallus bei ihrer Protestaktion anlässlich der KSZE-Konferenz in Helsinki (August 1985)

Jutta Gallus mit Bundesaußenminister Genscher im Foyer des KSZE-Konferenzgebäudes (August 1985)

Jutta Gallus mit ihren beiden Töchtern unmittelbar nach der Freilassung am Checkpoint Charlie (25. August 1988). Hinter der weißen Demarkationslinie stehen DDR-Grenzsoldaten und beobachten den Vorgang.

Jutta Gallus mit ihren beiden Töchtern nach der Freilassung beim ersten Einkaufsbummel in Westberlin (25. August 1988)

Jutta Gallus nach der Wende vor ihrer ehemaligen Zelle im Frauengefängnis Burg Hoheneck

seien 1944 bei einem Luftangriff auf Berlin ums Leben gekommen. Sein richtiger Name sei auch nicht Dertinger, vielmehr heiße er Müller, und so wurde er auch künftig genannt.

Die Geschichte tischte ihm ein Mann auf, der sich als sein Vormund vorstellte. Der war Stasi-Chef von Schönebeck, und daraus machte er auch keinen Hehl. Die Dertingers aber wurden als Staatsverbrecher abgestempelt, die die DDR verraten hätten und nun im Gefängnis säßen.

Christian war zu überzeugten Kommunisten gegeben worden, Tante Lieschen und Onkel Emil kümmerten sich um ihn wie um den eigenen Sohn. Onkel Emil hatte die KPD als Abgeordneter im Landtag vertreten. Während des Dritten Reichs war er untergetaucht und hatte sich als Elbschiffer durchgeschlagen. In seinem Haus wurde der Junge atheistisch-kommunistisch erzogen. Der Kampf für die Befreiung der Arbeiterklasse war selbstverständliches Familiengespräch. Christian besuchte die Oberschule, sollte sein Abitur machen und eines Tages die Komintern-Schule in Moskau besuchen. So entwarf der Vormund vom Staatssicherheitsdienst seinen Lebensweg.

Christian Dertinger hatte die von der Stasi entworfene Legende geglaubt. Schließlich gab es noch andere Kriegswaisen in seiner Klasse, so dass ihm das vorgegaukelte Schicksal gar nicht so absonderlich erschien. Sehnsucht nach den Eltern und Geschwistern hat er vielleicht im Stillen mit sich herumgetragen, sich aber selbst wohl nicht recht eingestanden.

Doch dann kündigte der Vormund eines Tages den Besuch der Großmutter an, dem der Junge etwas beklommen entgegensah. Die alte Dame war zuvor vom Stasi instruiert worden, dass sie die für den Jungen entworfene Lebenslüge zu akzeptieren habe, sie durfte ihn nicht über die wahren Verhältnisse aufklären. Die Großmutter hielt sich auch bei späteren Kontakten daran. Erst von seinem Bruder, den er für den Adoptivbruder hielt, hörte Christian, damals gegen 13 Jahre alt, der Spionagevorwurf gegen die Eltern stimme auf keinen Fall. »Da läuft eine krumme Sache!«, sagte ihm Rudolf. Etwas irritiert hörte es Christian, doch sein Glaube an die erfundene Lebensgeschichte wurde dadurch nicht erschüttert. Er konnte es auch nicht verstehen, dass die Geschwister nach der Haftentlassung über Berlin in den Westen gingen. Erst viel später erfuhr er, dass ihnen eine Schulausbildung bis zur Reifeprüfung verweigert worden war. Christian Dertinger war 16 Jahre alt, als seine scheinbar heile Welt und die des rechtschaffenen kommunistischen Ehepaars in Schönebeck zusammenbrach.

Ohne jede Vorankündigung eröffnete ihm der Vormund von der Staatssicherheit am 25. November 1960, dass seine Mutter aus dem Gefängnis entlassen worden sei und ihn zurückverlange. Nun war auf einmal nicht mehr von der Adoptivmutter die Rede. Sein Wunsch, in Schönebeck das Abitur zu machen, wurde ihm rundweg abgeschlagen. »Es geht nicht, nach dem Gesetz musst du zu deiner Mutter!«

Anderstags wurde er nach Annaberg im Erzgebirge gebracht, traf dort eine völlig fremde Frau – die Mutter – »mit der ich nichts anfangen konnte«, erzählt Christian Dertinger, und dann »fehlt mir für drei Tage die Erinnerung«. Er sei damals in eine schwere Krise geraten. Der Großmutter, einer Frau von massiver Frömmigkeit und unerschütterlicher Selbstsicherheit, und einem katholischen Pfarrer, der ihm Freund wurde, verdankt er es wohl, dass er trotz dieses

Jugendschicksals ein fröhlicher, weltoffener Mensch wurde. Die Pflegeeltern konnten es niemals verwinden, dass sie von ihren Gesinnungsgenossen hintergangen wurden, denn auch sie hatten geglaubt, eine Kriegswaise aufzuziehen. Tante Lieschen, die Pflegemutter, starb, wenige Wochen nachdem Christian weggebracht worden war, Onkel Emil setzte seinem Leben selbst ein Ende. Der Elbschiffer fesselte sich Hände und Füße und stürzte sich in einen See. »Der Mann ist aufs schlimmste beschissen worden«, sagte Christian Dertinger. Der Kommunist Emil ist einer von Tausenden.

Ich ließ die Zeitung sinken. Niemals hatte ich in der DDR von solchen Schicksalen gehört. Diese Verbrecher! Sie spielten mit Menschen, wie es ihnen gerade in ihr politisches Kalkül passte. Wie viele solcher Schicksale mochte es wohl geben? Warum schwiegen alle? Solche Berichte gab es viel zu selten. Und die Politiker rührten nicht daran! Die Mauer, der Eiserne Vorhang, ein Schutzwall, um solche Verbrechen vertuschen zu können!

Nur wenige Jahre später wäre die Geschichte des kleinen Christian wohl ganz anders verlaufen. Er hätte seine Mutter nie mehr zu Gesicht bekommen. Er wäre ganz legitim zwangsadoptiert worden. Denn inzwischen hatte man die Gesetze im tiefen Schatten der Mauer den Verhältnissen angepasst.

Ich schnitt die Reportage aus und klebte sie in meine Dokumentenmappe. Was für ein Staat! Und wie feige Politiker waren! Warum nannte niemand die Verbrechen beim Namen, wenn sie doch bekannt waren?

Eine neue Gelegenheit, um auf unser Schicksal aufmerksam zu machen, bot sich im Juli 1985 in Helsinki. Es war der zehnte Jahrestag der KSZE-Konferenz. Die Außenminister von mehr als

30 Nationen trafen sich, um gemeinsam über die Menschenrechtssituation in der Welt zu sprechen. Das war ein günstiger Moment. Doch ganz so einfach war es nicht. Denn im Vorfeld der KSZE-Konferenz war der finnischen Polizei deutlich gemacht worden, dass Demonstrationen verboten seien. Wenn schon im liberalen Rom die Polizei eingeschritten war, wie würde man sich in Finnland verhalten?

»Es gibt nur eine Möglichkeit«, meinte Wolfgang Riegle, der in der »Internationalen Gesellschaft für Menschenrechte« die DDR-Sektion betreute. »Wir besorgen dir Handschellen, und du musst dich vor dem Konferenzgebäude anketten. Sonst werden sie dich gleich wegschaffen. Mit Handschellen wird deine Aktion vielleicht Aufregung erzeugen und die Presse mobilisieren.«

Ich war unschlüssig. Ich wollte nichts tun, was die Gesetze des Landes verletzen könnte. Ich wollte mich nicht mit fremdländischen Polizisten anlegen. Andererseits bot diese Konferenz eine gute Gelegenheit, mit den beiden deutschen Außenministern zusammenzutreffen. Sie waren mächtig genug, um auf Honecker und den Staatssicherheitsdienst einzuwirken.

»Kann ich mich denn auf euch verlassen?«, fragte ich Riegle.

»Sicher! Wir sind in deiner Nähe. Das ist doch klar! Wir passen auf, dass dir nichts passiert«, klopfte mir der schwergewichtige junge Mann kumpelhaft auf die Schulter.

Mit seiner Unterstützung wollte ich es wagen. Ich hoffte sehr, mit dieser Aktion einen Schritt weiterzukommen.

Es war ein trüber, regnerischer Tag, als ich in Helsinki in der Nähe jener Kongresshalle, wo die Außenminister und ihre Berater tagten, aus der Straßenbahn ausstieg. Vor der Halle befand sich auf dem Mittelstreifen der Hauptstraße ein halbhohes Geländer.

Es ging alles sehr schnell. Ich kettete mich an und warf die

Schlüssel in den davor liegenden Gully. Das Plakat hatte ich auf meinen Pullover genäht. Es trug die Aufschrift:

»GROBE MENSCHENRECHTSVERLETZUNG IN DER DDR! KINDER DÜRFEN NICHT ZU IHRER MUTTER!«

Die Helsinki-Gruppe hatte mir geholfen, die Utensilien zu bekommen, und versicherte, dass nichts passieren würde. Sie hätten genug Leute, um auf mich aufzupassen. Am Abend sollte ich in einem Kino vor einem internationalen Publikum zu meinem Fall Stellung nehmen und Fragen beantworten. Ich sagte zu, weil ich dankbar war, dass mir überall so viele Menschen halfen und ich mit solchen Abenden etwas zurückgeben konnte. Sie hatten die Handschellen besorgt und mir gesagt, dass ich die Schlüssel wegwerfen sollte, um Zeit zu gewinnen. An dem Ort, wo ich angekettet war, mussten alle Konferenzteilnehmer vorbei und konnten nicht umhin, mein Plakat und mich wahrzunehmen.

Es dauerte nur wenige Minuten, bis zwei Polizisten auftauchten und mich wegholen wollten. Doch das ging nicht. Inzwischen hatte sich schon eine Menschenmenge um mich versammelt, und auch Journalisten waren gekommen. Selbstbewusst forderte ich ein Gespräch mit Außenminister Genscher von der Bundesrepublik und Außenminister Fischer von der DDR.

Ich blieb länger als eine Stunde angekettet. Die eisernen Fesseln konnten nur mit Hilfe eines Bolzenschneiders durchtrennt werden. Währenddessen erzählte ich bereitwillig der umherstehenden Presse meine Geschichte.

Die meisten zeigten Verständnis für mein Anliegen, lobten meinen Mut und wollten mir helfen. Unter Protestrufen der umherstehenden Passanten wurde ich nach der *Befreiung* durch die finnische Polizei mitgenommen und vorläufig verhaftet. Ich kam ohne Befragung für mehrere Stunden in einen fensterlosen Raum mit dämmrigem Licht und einer Holzpritsche. Auf Intervention der bundesdeutschen Botschaft wurde ich jedoch bald wieder freigelassen. Aufgrund des heftigen Presseengagements hatte mir Außenminister Hans-Dietrich Genscher sogar einen Termin für den kommenden Vormittag eingeräumt. Ich hatte vorsorglich einen Brief vorbereitet, den ich ihm mitgeben wollte.

Helsinki, den 26.7.85

Sehr geehrter Herr Genscher,
ich wende mich heute mit der Bitte an Sie, sich persönlich noch während Ihrer Anwesenheit zum 10-jährigen Jahrestag der KSZE-Schlussakte in Helsinki für unsere Familienzusammenführung einzusetzen.
Nur kurz einige Angaben – die gesamte Akte befindet sich im Bundesministerium für innerdeutsche Beziehungen. Nach einem missglückten Fluchtversuch entzog mir das Jugendamt Dresden das Sorgerecht für meine beiden Mädchen Claudia und Beate. Das ist auch in der DDR rechtswidrig.
Am 29.3.1984 wurde ich von Dr. Vogel und fünf Staatssicherheitsleuten zu einer schriftlichen Erklärung gezwungen, in der mein vorläufiges Einverständnis, dass die beiden Mädchen zur einstweiligen Pflegschaft aus dem Heim zum Kindesvater dürften, zum Ausdruck gebracht werden sollte.
Bei Verweigerung dieser Erklärung drohte man mir,
1. Keine Übersiedlung in die Bundesrepublik
2. Zurückführung in das Zuchthaus Hoheneck und dass ich dann meine Kinder nie wieder sehen würde.
Zu diesem Zeitpunkt war mir allerdings, wie mir später Rechtsanwalt Neumann mitteilte, das Sorgerecht für meine Kinder in Abwesenheit entzogen worden.
Lug und Trug stehen solchen willkürlichen politischen Machenschaften zur Seite.

Ich erhoffte mir viel von der Bundesregierung und glaubte, dass sie dieser Art von Rechtswidrigkeit die Stirn bieten könnte.
Steht die Bundesregierung dieser Menschenrechtsverletzung der DDR wirklich hilflos gegenüber? Kann sie keinen Druck ausüben?
Das würde bedeuten, dass Willkür und Menschenrechtsverletzungen der DDR akzeptiert werden, da bisher nichts Konkretes zur positiven Lösung in meinem Fall unternommen wurde.
Sollen meine Hoffnung und die so vieler Menschen wirklich vergeblich sein?
- Bis 1981 waren Zwangsadoptionen in der DDR an der Tagesordnung.
- Jetzt besteht diese »Regelung« mit Hilfe erpresserischer und betrügerischer Machenschaften.
- Was wird noch alles mit Kindern geschehen, wie lange sieht die Bundesregierung dem noch zu?
- Meine Pflicht meinen Kindern gegenüber ist es, alle Kräfte dafür einzusetzen, damit dieses Unrecht bekannt wird.
Bitte verzeihen Sie mir, wenn ich damit einen Keil in die Diplomatie treibe, aber wären Sie in meiner Situation, dann würden auch Sie alle Kräfte für Ihre Kinder einsetzen. Deshalb bin ich auch nach Helsinki gekommen, damit mich viele Menschen in meinem schweren Kampf für die Freiheit meiner Kinder unterstützen.
Ich kann Sie als Mutter nur bitten und appelliere an Ihre Menschlichkeit und Gerechtigkeit sowie an Ihre Persönlichkeit als Außenminister, setzen Sie sich persönlich für eine schnelle positive Lösung meines Falles bei den DDR-Behörden ein.

In der Hoffnung, keine Fehlbitte an Sie gerichtet zu haben, verbleibe ich
Mit freundlichen Grüßen
Jutta Gallus

Ich hatte es geschafft. Im Foyer des Hotels hatte ich Gelegenheit, mit Hans-Dietrich Genscher persönlich zu sprechen. Er begrüßte mich höflich. Wir setzten uns auf schwarze Ledersessel. Die grellen Glasleuchter blendeten.

Ich wiederholte die schon im Brief angedeuteten Forderungen und klagte erneut die DDR an. Der Außenminister wirkte ruhig, entspannt, nahm sich Zeit. Wir tranken einen Kaffee.

»Uns sind die Hände gebunden«, entschuldigte Genscher die mangelnde Bereitschaft der Bundesregierung, sich für mich und ähnliche Fälle mit Hilfe der Öffentlichkeit einzusetzen.

»Wenn wir etwas erreichen, dann nur über den Weg der stillen Diplomatie. Das erfordert bei der dauernd angespannten Lage zwischen Ost und West sehr, sehr viel Sensibilität im Umgang miteinander. Und die Kollegen aus der DDR lassen sich da nicht reinreden. Erst recht nicht vom Klassenfeind.«

Ich wurde unruhig. Was sollte ich in meiner Situation mit diesen allgemeinen Aussagen anfangen?

»Es kann doch unmöglich zu großen diplomatischen Verwicklungen kommen, nur weil ich endlich meine Kinder bei mir haben möchte. Die Mädchen schreiben mir fast täglich, sie sprechen auf Band, dass sie zu mir wollen, was soll ich denn tun? Soll ich als Mutter ihnen vielleicht sagen: Tut mir Leid, aber die Stasi hat etwas dagegen, und weil die Stasi etwas dagegen hat, darf ich nicht für euch kämpfen, sonst kommt es zu diplomatischen Verwicklungen? Glauben Sie, das verstehen Kinder? Die beiden leiden doch genauso wie ich!«

Genscher schien ratlos. Er fuhr sich mehrmals durch das schüttere Haar. Seine Augen ruhten auf meinem Gesicht. Er winkte einen Fotografen, der auf uns zukam, ab.

»Was soll ich dazu sagen! Ich werde das mit Herrn Fischer erörtern. Das kann ich Ihnen versprechen. Aber es ist und bleibt eine Angelegenheit der DDR. Und ich habe kein Recht, mich da einzumischen. Wir können fragen, bitten, verhandeln, aber wir können nichts erzwingen. Damit wäre die Bundesregierung überfordert. Das müssen Sie verstehen. Ich möchte auch an Sie appellieren. Haben Sie Vertrauen, wir, und ich persönlich, garantieren Ihnen, dass wir alles Menschenmögliche, alles, was in unserer Macht steht, tun werden, um Ihnen zu helfen.«

Das war, in hübschen Worten verkleidet, dasselbe, was ich schon seit Jahren hörte: Wir werden uns bemühen! Dann entschuldigte er sich bei mir wegen der vielen Termine und der Hektik ministerialer Verpflichtungen und verließ in Begleitung einiger Männer das Hotel.

Auch ich stand auf und irrte zunächst im Foyer umher, wo eine unglaubliche Hektik herrschte. Männer standen in Gruppen zusammen, heftig gestikulierend. Ich setzte mich etwas abseits.

Es gab keinen Zweifel. Genscher hatte Recht. Die eigentlich Schuldigen und Verantwortlichen waren in der DDR zu suchen. Die Bundesregierung konnte schließlich nicht ihre Armee schicken, um Claudia und Beate zu befreien. Man war darauf angewiesen, dass die DDR eines Tages in einem Anflug höchster Gnade, dekoriert mit vielen Devisen, dem Drängen in meinem Fall nachgab.

Durch benachbarte Gespräche hatte ich mitbekommen, dass die DDR-Delegation im 2. Stock des Hotels Unterkunft bezogen hatte. In dem allgemeinen Gewühle würde es sicher nicht auffallen, wenn ich hochging, um zu versuchen, DDR-Außenminister

Fischer zu sprechen. Jetzt, wo ich schon einmal im Hotel war, sollte ich die Chance nutzen. Von Fischer hatte ich keinen offiziellen Gesprächstermin bekommen. Doch ich hatte auch für ihn vorsorglich ein Schreiben aufgesetzt.

Vielleicht hatte ich Glück. Das Hotel war zwar aus Sicherheitsgründen streng bewacht, aber wer einmal drinnen war, wurde nicht behindert.

Ich fuhr mit dem Fahrstuhl hoch und sah, wie Fischer mit einem anderen Mann auf dem langen, schmalen Korridorgang sprach. Mit schnellen Schritten lief ich auf die beiden zu. Fischer sah mich verwundert an, als wollte er fragen, was diese Frau hier mache. Ich hatte einen roten Kopf und wusste nicht recht, wie ich ihn ansprechen sollte.

»Wollen Sie zu uns?«, fragte er mich unsicher, als ich so abrupt vor ihm stehen blieb.

»Ja«, sagte ich schüchtern. Ich hatte wieder jenes beklemmende Gefühl in mir, das meinen Körper in eine Zwangsjacke einzuhüllen schien.

»Ich würde Sie gerne alleine sprechen«, bat ich ihn.

»Worum geht es?«, fragte er freundlich.

»Mein Name ist Jutta Gallus, ich habe …« In knappen Worten erzählte ich ihm meine Geschichte.

»Wie sind Sie hier reingekommen?«, fragte er verwundert.

»Das ist doch jetzt egal, oder?«, antwortete ich. »Ich möchte Sie nur bitten, sich wirklich im Sinne des KSZE-Abkommens für mich einzusetzen. Politiker werden nicht an ihren Worten, sondern an ihren Taten gemessen. Ich will nichts weiter, als dass dieses Unrecht beendet wird. Ich will überhaupt nicht, wie immer wieder seitens Ihrer Staatssicherheitstruppe behauptet wird, die DDR diffamieren. Mir sind die DDR und überhaupt die Politik egal. Aber ich will endlich meine Kinder. Und ich will da leben, wo es mir gefällt. Und dafür werde ich alles tun. Ich lasse mir von niemandem mehr Angst machen! Sobald meine Kinder hier sind, werden Sie nichts mehr von mir hören. Das müsste doch auch im Interesse der DDR sein.«

Oskar Fischer schien dem temperamentvollen Vortrag seiner ehemaligen Mitbürgerin ziemlich hilflos ausgeliefert. Dennoch blieb er ruhig, versuchte staatsmännisch zu beschwichtigen. Er war gelernter Diplomat, hätte genauso gut ein anderes Land vertreten können. Hätte, seinem biederen Aussehen nach zu urteilen, genauso gut in irgendeinem höheren Beamten-Dienst stehen können. Er war wohl einer dieser vielen angepassten Karrieristen, die, egal wo man sie eintopft, Wurzeln schlagen und nach allen Seiten austreiben. Ein typisch deutscher, korrekter Mann mit Disziplin, kühlem Charme, klassisch-elegantem Haarschnitt und dezenter Tupfenkrawatte.

Ein wenig unsicher verschränkte er seine Arme und versuchte, sich herauszureden.

»Ich kenne ehrlich gesagt Ihren Fall nicht, weiß aber sehr wohl, dass es manchmal auf der mittleren Verwaltungsebene zu eifrige Genossen gibt und man sich streiten kann, ob hier im Einzelfall nicht doch das Maß überschritten wurde. Um aber Ihr Anliegen genau überprüfen zu können, muss ich mir die Sachlage auch von der Gegenseite anhören. Ich denke, Sie haben dafür Verständnis, dass ich Ihnen jetzt keine genauere Auskunft geben kann. Aber ich werde mich darum kümmern, bestimmt«, reichte er mir zum Abschied die Hand. »Jetzt muss ich mich leider verabschieden!«

Zögernd erwiderte ich seinen Händedruck.

Noch einer, der sich bemühen wollte. Die Kette der Bemühungen riss nicht ab. Dabei wäre alles so einfach gewesen. Man hätte nur die x-mal gestellten Ausreiseanträge der Mädchen genehmigen müssen, und fertig!

Stattdessen bekam ich im Hotel vom Portier einen Brief in die Hand gedrückt. Mit dem Vermerk: Vertraulich! Dringend! Es handelte sich um die Einladung zu einer Pressekonferenz anlässlich des Rahmenprogramms zur KSZE-Konferenz. Diese Veranstaltung sollte gegen 20 Uhr am Hafen auf einem Schiff stattfinden. Dem offiziellen Schreiben war eine handschriftliche Notiz beigefügt. In dieser Notiz stand, dass ich von einem Herrn angesprochen werden würde, der über die Mädchen Bescheid wüsste und schnell in meinem Fall positiv vermitteln könne.

Sosehr mich diese Botschaft im ersten Moment freute, wollte ich doch lieber vorsichtig sein. Telefonisch informierte ich meinen Betreuer von der IGFM. Er hatte keine Ahnung von dieser Pressekonferenz und wollte beim Helsinki-Kreis nachfragen.

Wenig später erhielt ich die Warnung, unbedingt im Hotel zu bleiben. Man habe über geheimdienstliche Kontakte und einen Journalisten erfahren, dass ich auf diesem Schiff entführt werden sollte. Es war geplant, mich als verschollen gelten zu lassen. Die Frau vom Checkpoint Charlie sollte nie wieder demonstrieren. Sie sollte einfach nicht mehr da sein. Weder tot noch lebendig. Wahrscheinlich hätten sie mich verschleppt oder ermordet. Und bald wäre Gras über den Fall Gallus gewachsen. Wer hätte noch nach den Kindern oder mir gefragt? Ich saß wie gelähmt in meinem Hotelzimmer, machte in der Nacht kein Auge zu und ließ das Licht brennen. Am nächsten Morgen war ich froh, gleich nach dem Frühstück Helsinki verlassen zu können. Ich hatte Angst. Gab es noch mehr solcher heimtückischen Fallen?

Die Kinder kommen

Als einzige Reaktion auf Helsinki erhielt ich im November 1985 Post aus Bonn. Vom Bundesminister des Auswärtigen Amtes, genauer vom Leiter des Ministerbüros.

Sehr geehrte Frau Gallus,
Bundesminister Genscher hat mich nach Rückkehr von seinen Reisen in die Vereinigten Staaten und nach China gebeten, Ihnen Folgendes mitzuteilen.
Bei seinem Gespräch mit DDR-Außenminister Fischer Ende September des Jahres in New York ist von ihm die Frage der Ausreise Ihrer Kinder erneut mit großem Nachdruck behandelt worden. Außenminister Fischer sagte zu, diese Bitte weiterzugeben. Eine Antwort auf diese Bitte ist bisher nicht eingegangen. Der Bundesminister wird Ihr Anliegen auch weiterhin nach besten Kräften unterstützen.
Mit freundlichen Grüßen
Dr. Michael Jansen

Der große Nachdruck verpuffte allerdings, denn außer diesem Schreiben hörte ich nie mehr etwas aus dieser Richtung. Und es war mittlerweile Januar 1986. Unzählige Menschen hatten sich meinem Anliegen angeschlossen. Ich hatte es mit und ohne Öffentlichkeit und mit der Unterstützung von Politikern versucht, doch es rührte sich nichts. Bis auf die Tatsache, dass nun auch meine Töchter drangsaliert wurden, weil sie sich immer noch weigerten, dem Druck der SED nachzugeben. Je älter sie wurden, desto nachdrücklicher wandten sie sich an die Behörden und forderten ihr Recht. Das hatte Konsequenzen. Sie wurden auf Schritt und Tritt bewacht.

Ich war verzweifelt, obwohl ich mich nie allein gelassen fühlte. Es gab viele, auch prominente, Persönlichkeiten, die mit mir um die Ausreise von Claudia und Beate kämpften. Doch Monat um Monat verstrich.

Ich hatte eine feste Arbeit bei einer Werbefirma, war nach München in eine Dreieinhalb-Zimmer-Wohnung umgezogen und hatte schon alles für die Mädchen eingerichtet. Wir waren alle drei fest davon überzeugt, dass die Ausreise nicht mehr lange dauern konnte.

Ich musste schon allein deshalb aktiv bleiben, um für Claudia und Beate Akzente zu setzen. Sie waren ja ganz alleine auf sich angewiesen. Briefe schreiben und Päckchen schicken boten auf die Dauer keinen Ersatz. Die beiden waren ohnehin keine Kinder mehr, sondern fast schon Erwachsene. Ich zehrte in stillen Stunden von Fotos und den vielen lieben Zeilen, die sie schickten, und freute mich darüber, dass sich die Geschwister so gut verstanden.

Über die »Internationale Gesellschaft für Menschenrechte« hatte ich eine Einladungskarte für die Gedenkfeier zum Anlass des Berliner Mauerbaus erhalten. Es hatte sich viel Presse, nahezu aus der ganzen Welt, angekündigt. Durfte ich es wagen, die Feier zu stören? Andererseits war gerade diese Feier ideal, um auf meinen Fall hinzuweisen. Es wurde in der Politik immer zu viel gefeiert, zu viel geredet und zu wenig gehandelt. Was hatte ich zu verlieren?

Im Reichstag war am 13. August 1986 wirklich alles aufmarschiert, was Rang und Namen hatte. 25 Jahre Berliner Mauer war *das* Thema! Als Hauptredner waren Bundespräsident Richard von Weizsäcker, Bundeskanzler Helmut Kohl, der SPD-Ehrenvorsitzende Willy Brandt und die Ministerin vom »Amt für innerdeutsche Beziehungen«, Dorothee Wilms, angesagt.

Ich hatte seitlich in der 5. Reihe Platz genommen. Mein Protestlaken trug ich zusammengefaltet unter einem weiten Pullover. Ich hatte noch Zweifel, ob ich es überhaupt wagen würde, damit nach vorne zu gehen.

Walter Priesnitz, der meinen Fall beim »Innerdeutschen« bearbeitete, saß als Ehrengast in der ersten Reihe. Er hatte mich entdeckt und drehte sich während der Feierlichkeiten ab und zu besorgt um. Ich lächelte ihm zu, hob meine Hände hoch und winkte, als Zeichen, dass ich nichts bei mir hatte. Doch er schien etwas zu ahnen. Ich hatte mir vorgenommen, vor dem Bundeskanzler ans Mikrofon zu treten.

Willy Brandt hielt gerade seine Ansprache. Ich schaute auf die Uhr: 11 Uhr 45.

Während des Applauses nutzte ich die Gelegenheit.

Ich hatte Angst, unbeschreibliche Angst, aber gleichzeitig das Gefühl, getragen zu werden. Irgendeine Kraft lenkte mich. Bundeskanzler Kohl war schon auf dem Weg zum Rednerpult, als ich mich zum Mikrofon vordrängte. Ich sah, wie Kohls Bodyguards von den Stühlen sprangen, dann in einer merkwürdigen Stellung verharrten, sich aber nicht vor die Kameras trauten, um mich wegzuzerren. Der Bundeskanzler blieb im Hintergrund stehen.

Ich entrollte mein weißes Tuch: »KEINE GROSSEN SPRÜCHE – VIER JAHRE TRENNUNG VON MEINEN KINDERN SIND GENUG!«

1500 Versammelte und ein Millionenpublikum vor den Fernsehern zu Hause erlebten meinen Auftritt.

»Hier sehen Sie ein lebendes Beispiel für das, was jenseits der Mauer geschieht. Seit vier Jahren flehen meine Töchter Claudia und Beate darum, zu mir ausreisen zu dürfen. Wegen einer missglückten Republikflucht im Sommer 1982 wurden wir getrennt. Ich musste länger als zwei Jahre ins Gefängnis und habe seit dieser Zeit meine Kinder nicht gesehen. Das sind die Fakten! Ich fordere hiermit alle Politiker auf, konkret zu handeln, nicht nur zu reden und denen drüben heimlich für große Summen Menschen abzukaufen. Wann wird die DDR endlich in die Pflicht genommen, die Menschenrechte einzuhalten? Claudia und Beate, wenn ihr mich jetzt seht, sollt ihr wissen, dass ich nicht lockerlassen werde, bis ihr bei mir seid. Haltet durch!«

Ich unterdrückte krampfhaft die Tränen und schaffte es gerade noch, meine kleine Parole an die Kinder weiterzugeben. So wie sie mir damals im Flugzeug zuriefen, als wir uns das letzte Mal sahen.

»Haltet durch!«, rief ich noch einmal, ehe ich die Tribüne verließ und dem Bundeskanzler Platz machte.

Ein seitlich stehender Kameramann klatschte spontan, als ich abtrat. »Bravo!«, rief er mir zu. »Das war großartig!«

Bundeskanzler Kohl hielt seine Rede, ohne mit einem Wort meinen Protest zu erwähnen.

Zaghaft suchte ich den Blick von Walter Priesnitz. Zornig blickte er zu mir herüber. Ich wusste, wie sehr er eigenwillige Aktionen der Betroffenen hasste. Er hatte allerdings wenig Gelegenheit, mir Vorhaltungen zu machen. Denn auf einmal war ich von Journalisten umringt, die mich alle nach der Feier sprechen wollten. Die kämpferische Mutter mit dem langen Pferdeschwanz bot jedem Journalisten eine reizvolle Story. Mein Auftreten hatte eingeschlagen wie eine Bombe. Ich hatte das Gefühl, von den Medien erdrückt zu werden. Es war ein Durcheinander wie auf einem Jahrmarkt. Junge, Alte, Männer, Frauen drängelten sich, um mir Mikrofone vors Gesicht zu halten.

»Where do you come from?«

»Wie alt sind die Kinder?«

»Hallo, hier *RIAS Berlin,* könnten wir uns nicht mal in einer ruhigen Ecke unterhalten?«

»*Die Bunte,* wo kann ich Sie telefonisch erreichen? Wir wollen Ihre Geschichte groß rausbringen.«

So viele Fragen zur selben Zeit. Ich wusste nicht, wem ich zuerst antworten sollte. Es war mir fast peinlich. So viele scharten sich um mich, und die großen Redner standen abseits, fast alleine da. Das waren sie sicher nicht gewohnt.

Selbst das amerikanische und japanische Fernsehen berichteten in den Hauptnachrichten als hautnahes Beispiel für die Spannung der Menschen zwischen den beiden deutschen Staaten über mein Anliegen.

Ich war glücklich, dass die Öffentlichkeit so spontan an meinem Schicksal Anteil nahm. Das musste doch endlich Wirkung zeigen! Und das tat es auch! Aber auf ganz andere Weise, als ich es mir vorgestellt hatte.

Gleich am nächsten Vormittag setzte sich das »Innerdeutsche« mit mir in Verbindung. Walter Priesnitz war am Apparat.

»Na großartig, ich habe doch gleich geahnt, dass Sie nicht umsonst dahin gekommen sind. Was glauben Sie wohl, was Sie damit erreichen? Es ist Ihnen gelungen, die gesamte Führung der DDR zu verärgern!«, polterte er am anderen Ende der Leitung.

»Na, das ist doch wenigstens etwas«, konterte ich. »Ihnen ist ja im vergangenen Jahr noch nicht mal das gelungen. Wenn Sie zwei Jahre in Hoheneck wegen nichts gesessen hätten, würden Sie diese Verbrecher auch nicht mit Samthandschuhen anfassen. Die ganze Welt müsste jeden Tag daran erinnert werden, was das für Schurken sind. Vielleicht würde sich dann manches ändern. Millionen Bürger der DDR haben mich gesehen, und das ist gut so.«

»Sie werden darunter zu leiden haben und sonst niemand!«, brüllte er. »In moralischer Hinsicht brauchen Sie mich nicht zu belehren, mit wem wir es drüben zu tun haben. Wir haben schließlich ein gemeinsames Ziel. Glauben Sie bloß nicht, dass die sich durch solche Aktionen erpressen lassen. Sie werden unserem Ministerium die Schuld geben und noch mehr Bedingungen für die Freilassung Ihrer Töchter stellen. Das sind die Konsequenzen.«

»Aber Sie haben doch bisher nichts erreicht. Was soll ich denn tun? Warten und warten, bis ich alt und grau bin?«, widersprach ich heftig.

»Wir werden weiterhin verhandeln, das habe ich Ihnen gesagt. Das ist eine Frage von Geld und eventuell sogar von einem Austausch, aber alles im Rahmen der geheimen Diplomatie. Ich kann Ihnen dazu nichts Näheres sagen, Sie würden doch damit zur nächsten Zeitung rennen. Eins steht fest: Sie haben eine Menge Geschirr zerschlagen, und ich kann Sie nur warnen. Lassen Sie um Himmels willen die Presse aus dem Spiel!«

Ich war wütend. Politisch gesehen hackten alle auf mir herum, und nichts tat sich. Also folgte ich dem Rat von Staatssekretär Priesnitz und hüllte mich erneut in Schweigen.

Doch es verstrichen 17 lange Monate, ehe er sich wieder meldete. Ich hatte ihm kurz vorher eine Kopie des letzten Briefes meiner Kinder vom 14. Januar 1988 geschickt. Ohne Kommentar, nur den Inhalt:

Liebe Mami!
Wir beide möchten unbedingt zu dir, und das auf dem schnellsten Weg. Wir möchten nicht mehr länger hier bleiben, wir halten es nicht mehr aus. Wir brauchen dich doch!
Deine Claudi und Beate

Die Reaktion aus dem »Innerdeutschen« erfolgte prompt. »Wir stehen sozusagen vor einer Lösung«, meinte Priesnitz. »Glauben

Sie mir, Pressekampagnen nehmen jegliche Basis für Verhandlungen. Ich verspreche Ihnen«, wiederholte er mehrmals, »dass Ihre Sache so bald wie möglich zur Klärung kommt. Ein hoher Bonner Politiker wird in drei Monaten Gast bei Erich Honecker sein. Wir werden ihm Ihren Fall wärmstens ans Herz legen. Es wird ganz sicherlich zu einer Einigung kommen. Nur bleiben Sie bitte ganz ruhig!«

Ich versprach, mich an die Abmachung zu halten.

Kurz darauf brachte ich in Erfahrung, dass es sich bei der politischen Persönlichkeit, die zu Honecker fahren sollte, um Alfred Dregger handeln musste. Es war reiner Zufall, dass ich ihm später, während einer politischen Veranstaltung der Konrad-Adenauer-Stiftung, begegnete. In der Hoffnung, von ihm direkt etwas über das Gespräch mit Honecker zu erfahren, sprach ich ihn an.

»Entschuldigen Sie, Herr Dr. Dregger, dass ich Sie so einfach anspreche. Mein Name ist Jutta Gallus, ich bin die Mutter der beiden Mädchen, um die es geht.«

Dr. Dregger winkte etwas unbeholfen ab. Er versuchte sich scheinbar krampfhaft zu erinnern, wo er mich unterbringen konnte.

»Sagen Sie, kennen wir uns überhaupt?«, fragte er dann mit einem charmanten Lächeln. »Ich lerne so viele Menschen kennen, und in meinem Alter wird man vielleicht vergesslich, aber ich habe im Moment keine Ahnung, wovon Sie sprechen.«

Mir wurde es heiß und kalt. Sollte ich mich getäuscht haben? Nein, das war unmöglich. Es hatte auch in der Presse gestanden.

»Sie hatten doch letzten Monat eine Visite bei Erich Honecker?«

Dregger nickte. »Ja! Sind wir uns dort begegnet?«

Ich konnte es kaum fassen. Hatte man mich beim »Innerdeutschen« angelogen, nur um mich zu vertrösten?

Es hatte offensichtlich kein Gespräch mit Honecker stattgefunden. Zumindest nicht bezüglich meines Anliegens.

Ich erklärte ihm den Sachverhalt, und er schien sichtlich betroffen.

»Das war bestimmt keine böse Absicht«, entschuldigte er das Vorgehen des »Innerdeutschen«. »Selbstverständlich hätte ich Ihren Fall zur Sprache gebracht, wenn man mir das gesagt hätte. Es tut mir aufrichtig Leid für Sie, dass ich Ihnen hier im Moment keine befriedigendere Antwort geben kann. Aber ich werde gleich morgen nachhaken und mich selbstverständlich dafür einsetzen, wenn sich Ihre Angaben als richtig erweisen.«

Ich glaubte ihm. Ich hatte das Gefühl, dass er es ehrlich meinte.

Mir selbst war der ganze Abend verdorben. Ich hatte keine Freude mehr an dem kalten Büfett. Wieder hatte man mich an der Nase herumgeführt. Doch länger wollte ich mir das nicht gefallen lassen. Gleich am nächsten Tag setzte ich einen dementsprechenden Brief an das »Innerdeutsche« auf.

Sehr geehrter Herr Dr. Priesnitz,
mit großer Betrübnis und Sorge stelle ich fest, dass mir auch im freien Deutschland offiziell Unwahrheiten übermittelt werden. Ich bin wahrlich so enttäuscht von Ihnen und Ihrer Hinhaltetaktik, dass mir einfach die Worte fehlen.
Sie gaben mir als Mutter die Hoffnung, indem Sie mir durch Frau Böckle am 24.5.1988 telefonisch übermitteln ließen, dass, so wörtlich, »eine kompetente politische Persönlichkeit« bei der Begegnung mit SED-Chef Honecker noch in derselben Woche meinen Fall persönlich konkret zur Sprache bringen wird. Eine Resonanz Ihrerseits gab

es danach leider nicht, so dass ich bei meinem Telefonat am 24.6.1988 von Frau Böckle auf weitere zehn Tage vertröstet wurde.
Am 25.6.1988 nutzte ich meinerseits die Gelegenheit, in der Residenz in München nach der Konrad-Adenauer-Preisverleihung Herrn Dr. Dregger persönlich daraufhin anzusprechen, da er zu dem oben genannten Zeitpunkt als einzige »kompetente politische Persönlichkeit« in Ostberlin bei Herrn Honecker weilte. Herr Dregger war überrascht, wusste nichts von seinem Auftrag.
Das »Spielchen«, ich erlaube es mir bei aller Bescheidenheit einmal so zu nennen, geht bereits wieder ein Jahr, in dem Sie versuchen, mich mit Hoffnungen und Versprechungen von der Öffentlichkeit fern zu halten.
Stellen Sie sich doch bitte nur einmal die Situation umgekehrt vor, wenn Sie der Betroffene wären.
Wie lange sollen meine Töchter noch den Schikanen ausgesetzt sein? Claudia, jetzt 17 Jahre alt, wurde bereits aus der Abiturientenklasse ausgewiesen und »darf« in der Waffelfabrik Radebeul ab fünf Uhr morgens am Fließband stehen. Beate war den Schikanen der Sowjets bei der Reise nach Leningrad, wo sie einen Tanzauftritt hatte, total ausgeliefert.
Aufgrund dieser Tatsache sehe ich mich gezwungen, wieder selbst zu handeln. Sie werden mich mit Sicherheit zu gegebenem Anlass in Bonn und Wien sehen.
Ich erwarte von Ihnen eine verbindliche Antwort auf meinen Brief innerhalb von zehn Tagen.
Mit freundlichen Grüßen
Ihre Jutta Gallus

»Sie können mir nun glauben oder es auch sein lassen«, antwortete mir Walter Priesnitz sofort, »aber Ihre Töchter werden noch dieses Jahr ausreisen dürfen. Ich flehe Sie in Ihrem eigenen Interesse an, nichts zu unternehmen. Wenn ich mein Versprechen, das ich jetzt so konkretisiert habe, nicht erfülle, können Sie tun und lassen, was Sie wollen, denn dann sind auch unsere Verhandlungen gescheitert.«

Ich wollte nichts riskieren und hielt mich an diese Aufforderung. Immerhin hatte ich einen Zeitraum genannt bekommen, und das war schon viel.

Jeden Tag wartete ich und hoffte auf den erlösenden Anruf. Ich hatte auch meinen beiden Mädchen schon verschlüsselt Bescheid gegeben, dass wir uns über ein baldiges Wiedersehen freuen könnten. Alles in meiner Münchner Wohnung wartete schon so lange auf Claudia und Beate.

Ich hatte jeden Pfennig gespart, um die Wohnung nett und kuschelig einzurichten. Die helle, weiche Polstergarnitur mit den pastellfarbenen Streifen würde ihnen bestimmt gefallen. Ebenso wie der Korbsessel und die weiß lackierte Stehlampe und der schöne Balkon, von dem man abends den Olympiaturm über der Münchner Silhouette leuchten sah. Ich saß an meinem Schreibtisch über meinen Abrechnungen für die Werbefirma und träumte von der Zukunft. Für heute wollte ich Schluss machen.

Claudia und Beate waren mittlerweile alt genug, um durch eigene Aktionen auf sich aufmerksam zu machen. Auch ihre Geduld war langsam am Ende. Ich hatte sogar Angst, dass sie sich vielleicht irgendeine Dummheit ausdachten, sich einer spektakulären Fluchtaktion anschließen, um herauszukommen. Sie schwänzten eines Tages die Schule und fuhren stattdessen nach Berlin. Hier suchten sie Vogels Kanzlei auf und verlangten ein Gespräch mit ihm. »Wir sind die Gallus-Kinder!«, hatten sie sich bei der Sekretärin angekündigt und sofort um Einlass gebeten, was ihnen auch gewährt wurde. Dieses Gespräch musste sehr intensiv gewesen sein und Eindruck hinterlassen haben. Denn allmählich wurde auch den Behörden im Osten klar, dass sich die Mädchen durch nichts und niemanden umstimmen ließen. Man hatte ihnen viele Vergünstigungen angeboten, Fernsehrollen, Ballettausbildung in der UDSSR, Studium, wenn sie sich von mir lossagen würden, um freiwillig in der DDR zu bleiben. Doch die Mädchen hatten mitbekommen, was damals in Bukarest auf dem Flughafen geschehen war, dass man uns gewaltsam getrennt hatte und ich ins Gefängnis musste. Ihr Drängeln nach der Ausreise wurde immer massiver, je älter sie wurden. Man hätte schon Gewalt anwenden müssen, um sie zurückzuhalten. Ich war so froh, dass trotz der langen Trennung der Kontakt aufrechterhalten werden konnte und ich meinen Mädchen immer bewiesen hatte, dass ich für sie kämpfte. Das machte auch ihnen Mut.

Einen Monat nach dem Besuch der Mädels in Berlin wurde ich informiert, dass die Kinder innerhalb der nächsten acht Wochen ausreisen durften. Es handle sich nur noch um einige Formalitäten. Eine dieser Formalitäten kam aus Berlin von Prof. Dr. jur. h.c. Wolfgang Vogel. Er schrieb:

Sehr geehrte Frau Gallus,
Sie können sich erinnern, was ich Ihnen im Bus gesagt habe? Keine Öffentlichkeit! Es stimmt mich traurig, dass es so kommen musste. Nun ist die Zeit eine andere. Und ich bin bereit, zum guten Ende beizutragen.
Voraussetzung ist, dass ich Ihr Wort, dem ich glauben würde, habe, dass Sie sich ab sofort – vor allem aber auch nach der Ausreise – zurückhalten. Fälle danach müssten es sonst ohne mein Zutun büßen.

Ich denke, wir sehen uns alsbald in Berlin.
Wissen sollen Sie noch, dass mir die beiden Geschöpfe, so wie ich sie erlebte, Mut machen. Ich werde diese zunächst ängstlichen, dann strahlenden Augen nicht vergessen.
Vermerk: Ich benötige ein an mich gerichtetes Schreiben der Kindesmutter, dass sie bereit ist, das Erziehungsrecht für ihre beiden Töchter zu übernehmen. Ferner sollten Sie auf Unterhaltszahlungen mit Rücksicht darauf verzichten, dass der Kindesvater in den vergangenen Jahren für den Unterhalt allein aufgekommen ist.
Mit freundlichen Grüßen
Prof. Dr. Vogel
Rechtsanwalt

Sofort setzte ich einen entsprechenden Brief auf. Jetzt wurde also wahr, worauf ich so lange gewartet hatte!

Am 24. August 1988 war es dann so weit. Ich erhielt vom »Innerdeutschen« ein Telegramm: »Ihre Kinder kommen!«

Da stand es schwarz auf weiß. Schon am nächsten Tag sollte der Termin sein. Ich musste noch am gleichen Abend nach Berlin fliegen. Am darauf folgenden Vormittag sollte im Bundeshaus die Übergabe durch die beiden Rechtsanwälte Vogel und Neumann erfolgen.

Vor dem Bundeshaus hatte sich eine riesige Traube von Reportern versammelt. Ich hatte niemanden direkt informiert, es war trotzdem irgendwie durchgesickert. Obwohl ich mich der Presse gegenüber zu Dank verpflichtet fühlte, sah ich mich im Moment außerstande, Rede und Antwort zu stehen. Nach genau sechs Jahren würde ich meine Mädchen wieder in die Arme schließen dürfen, sie ansehen, sie drücken. Es musste jeder Verständnis haben, dass ich die ersten Stunden allein mit ihnen sein wollte. Das Treffen wurde kurzfristig in die Kanzlei Neumanns verschoben. Es war geplant, dass Vogel, in Begleitung seiner Frau, Claudia und Beate gegen 13 Uhr nach Westberlin bringen würde.

Ich wartete ungeduldig in der Kanzlei. Priesnitz hatte die undankbare Aufgabe übernommen, die Presse zu vertrösten und hinzuhalten. Er wollte später nachkommen.

Endlich kamen sie! Sechs Jahre hatte ich um diesen Augenblick gekämpft! Als kleine schutzbedürftige Mädchen hatte ich sie verlassen müssen, jetzt traten mir zwei selbstbewusste Teenager gegenüber. Die schönste Phase im Erwachsenwerden meiner Kinder hatte ich nicht miterlebt. Aber ich wollte ab heute nur noch nach vorne sehen. In die Zukunft schauen, die Tage, Wochen, Monate und Jahre mit Claudia und Beate genießen. Das hatte ich mir für mein Münchner Dreimädel-Haus vorgenommen.

Äußerlich wirkte ich wohl wie immer vital und energisch, dazu angetreten, alles zu erreichen, was mir das Leben an Chancen bot. Man sah mir wenig von den Anstrengungen der letzten Jahre an. In Wirklichkeit fühlte ich mich keineswegs als Siegerin. Denn in mir wütete noch immer ein Durcheinander aus Wut, Angst und Ohnmacht, in das sich jetzt die Freude mischte, bald die liebsten Wesen, die ich auf der Welt hatte, umarmen und mitnehmen zu dürfen.

Sehnsuchtsvoll starrte ich auf die Tür, durch die Dr. Vogel und die Kinder treten sollten.

Endlich öffnete sie sich.

Es war, als ob ein Wunder geschehen würde. Ich hatte so lange um diesen Augenblick gekämpft, und jetzt, als er spür- und greifbar nahe war, konnte ich es kaum fassen.

»Mami!«, riefen beide aus einem Mund. Mehr brachten wir

alle nicht heraus. Wir lagen uns stumm in den Armen und weinten uns den ganzen Kummer der letzten Jahre von der Seele. Die beiden freuten sich aus ganzem Herzen, und ihre Augen strahlten trotz der Tränen vor Glück.

Dann plapperten sie mit einem Mal drauflos und waren nicht mehr zu beruhigen. Sie waren noch genauso hübsch wie damals, meine Mädchen. Schlank und gepflegt, trugen sie wie alle Jugendlichen in ihrem Alter abgeriebene helle Jeans, Ringel-T-Shirts und Turnschuhe. Sie erzählten von dem Typ, der ihnen vor etwa zwei Wochen ganz offiziell die Nachricht gebracht hatte … von der Ballettmeisterin und den vielen, vielen Tanzstunden … davon, dass sie nie etwas alleine unternehmen durften … dass ihr Vater sie so weit ganz nett behandelt habe … dass sie jetzt glücklich seien … dass sie ihre Mami so vermisst haben … und schon so gespannt auf München seien. Besonders Beate, die Jüngere, war sehr lebhaft.

Ich hörte mit Begeisterung zu. Ich badete im Wortschwall meiner Kinder. Es war ein Gefühl, als ob nach einer langen schwierigen Krankheit das erlösende Wort kommt – gesund – und man die erlittenen Schmerzen schnell vergisst. Eine Stunde hatten wir Zeit für uns alleine. Dann ging es zum offiziellen Teil des so glücklichen Tages über.

Nach einem kleinen Sektempfang für alle, die an diesem glücklichen Ausgang beteiligt waren, ging ich zu Walter Priesnitz, der inzwischen auch eingetroffen war und sich irgendwo am Rande der Feier herumdrückte. Ich reichte dem eleganten, hochgewachsenen Mann, der wohl schon die 50 überschritten hatte, nicht nur die Hand, ich umarmte ihn herzlich wie einen guten Freund und drückte ihm einen dicken Kuss auf die Wange.

»So, das musste sein«, lachte ich dem überraschten Priesnitz ins Gesicht. »Ich danke Ihnen, wirklich, und möchte mich entschuldigen, wenn ich manchmal etwas grob reagiert habe. Das war nicht so gemeint, schon gar nicht gegen Sie persönlich. Aber es gibt Personen in Ihrem Amt, da ist man im Zweifel, für welche Seite die arbeiten. Trotzdem vielen, vielen Dank! Sie wissen gar nicht, was dieser Tag heute für mich bedeutet. Ich glaube, ich kann es selbst noch nicht so recht begreifen. Es ist wie ein Wunder. Manchmal habe ich schon nicht mehr daran geglaubt. Ich … ich bin wirklich glücklich und ich weiß nicht, wie ich Ihnen das jemals danken kann …« Mir kullerten dicke Tränen über die Wangen.

Gerührt drückte er mich an sich. Wir waren ein großes Stück meines Weges gemeinsam gegangen. Und ich würde ihm sicher über die Amtszeit hinaus in Erinnerung bleiben. So genervt hatten ihn wenige.

»Es ist schon okay«, antwortete er bewegt. »Ich habe Sie immer verstanden. Nur kraft meines Amtes habe ich das nicht so zeigen dürfen. Emotionen sind für kühle Verhandlungen kein guter Ratgeber. Aber im Stillen, glauben Sie mir, habe ich viel über Sie nachgedacht und Ihren Mut bewundert. Wenn alle Kinder solche Mütter hätten, vielleicht würde dann manches anders sein auf der Welt. Und ihr«, wandte er sich an die beiden Mädchen, »seid ihr denn jetzt auch froh, eure tolle Mutti wieder zu haben?«

»Und wie!«, strahlte Beate. Claudia sagte nichts. Sie hängte sich nur bei mir ein, legte den Kopf an meine Schulter und sah mich an. Diese vertrauensvolle Geste sagte mehr als tausend Worte.

Freudige Augen, viele Umarmungen und Tränen beherrschten das nüchterne Büroambiente der Anwaltskanzlei. Mir zitterte das Glas, als wir gemeinsam auf die Zukunft anstießen.

Im Anschluss an den Empfang hatte Erhard Göhl in Begleitung eines Fotografen für alle einen Bummel durch Westberlin organisiert. Es war ein sonniger, klarer Sommertag, der unsere Gruppe lachender, fröhlicher Menschen begleitete.

So lange hatte ich auf diesen Tag gewartet. Wenn man Glück in Gold wiegen könnte, wäre ich jetzt ein Berg. Wozu diese jahrelangen Schikanen? Es war unbegreiflich. Uns waren sechs Jahre gestohlen worden. Aber in jenen Minuten und Stunden dachte ich nicht mehr an die Vergangenheit. Da zählte nur noch die Zukunft. Unsere gemeinsame Zukunft.

Im Kaufhaus des Westens

Das KaDeWe in Berlin ist kein Kaufhaus wie jedes andere. Es ist der Kaufhaustempel schlechthin. Ein Kultobjekt für Konsumenten. Hier gibt es einfach alles. Stundenlang kann man hier in Waren wühlen. Alle Farben, alle Stoffe, alle Geschirrsorten der Welt, alle Parfümdüfte, Schmucklinien, Hüte, Strumpfhosen in den unterschiedlichsten Mustern, ausgefallene Schuhe und und und. Die Augen werden groß und der Geldbeutel klein. Ich liebte diese Buntheit, diesen Markt der Märkte. Es war pure Lust, hierher zu kommen. Lieber rosa, gelb oder ein dezentes Braun? Jeans in allen Waschungen, auffällig genietet oder mit Nähten Ton in Ton, es gab nichts, was es nicht gab. Und die Kerzenabteilung! Ich sammelte Kerzen in allen Formen. Dünne, dicke, gemaserte, kugelige oder duftende. Ein oder zwei Kerzen musste ich immer mit nach Hause nehmen. Das gehörte zum besinnlichen Teil meines Kaufrituals.

Claudia und Beate waren nicht mehr aus diesem Kaufhaus herauszubekommen. Und ich genoss es, sie zu beobachten. Mochte es noch so banal sein und dem Klischee entsprechen, Ossis würden nur wegen des Konsums abhauen, wir wussten, es war anders und trotzdem … die Mädels waren in dem Alter, und wir würden so schnell nicht mehr nach Berlin kommen. Da war es nur natürlich, dass sie lieber das KaDeWe besichtigten, statt sich in der Gedächtniskirche dem Unbill der deutschen Geschichte hinzugeben. Deutsche Geschichte hatten sie all die Jahre am eigenen Leib erfahren. Und was vorher war, das würden wir später nachholen. Da war ich mir sicher. Wer sollte ihnen den Wunsch, einkaufen zu wollen, verdenken? Sie suchten sich was Hübsches zum Anziehen und ein paar Kleinigkeiten heraus, ehe wir uns in den obersten Stock begaben, wo es ihnen schier die Sprache verschlug.

Im Osten musste man wegen ein paar fitzeliger kubanischer Bananen stundenlang Schlange stehen. Dieses kulinarische Wunderland glich nun einem Paradies für den edlen Gaumen. Hier gab es alles, was die Erde an Leckereien zu bieten hatte. Die seltsamsten Süßigkeiten aus dem hintersten Winkel Indiens ebenso wie frische Fische aus Kanada, israelisches Obst oder Gemüse aus der Türkei. Die Brotsorten waren so lecker drapiert, dass wir schon vom Hinsehen satt wurden. Und dann die Eisstände mit ihren exotischen Sorten. Und die Hummer-Bar! Wir leisteten uns einen Krabbencocktail mit frischem Dill und warmem Baguette. Dazu einen kleinen Prosecco. Wir waren nur noch zu dritt, hatten die anderen gebeten, uns mal eine Stunde alleine zu lassen. Unerkannt bummelten wir durchs Kaufhaus und genossen einfach.

Die Mädchen staunten und hätten nie gedacht, dass der Unterschied zwischen Ost und West so krass ist. Natürlich wurde man von dieser üppigen Vielfalt fast erschlagen und vor lauter Schauen und Wählen müde, doch wir liebten es, verführt zu werden. Einzutauchen in das, was andere Menschen und Länder anzubieten hatten.

Dennoch sehnten wir uns nach den gemeinsamen vier Wänden. Die Mädchen waren gespannt, wie ihr Zimmer aussehen würde und was wir uns alles zu erzählen hatten. Wir würden alles nachholen. Ich hatte Geld zusammengespart, um ihnen eine ordentliche Schulausbildung finanzieren zu können. Statt Russisch sollten sie jetzt Englisch lernen, um den Anschluss zu bekommen. Beide hatten vor, das Abitur zu machen. Sie träumten davon, in kreativen Berufen ihren Weg zu finden. Beate wollte irgendwas machen, was mit ihrer Leidenschaft für Ballett und Tanz zusammenhing, Claudia dachte daran, Modedesign zu studieren oder ein Fach, das sich mit Werbegrafik und Film beschäftigte. Doch das war noch ein weiter Weg. Sie mussten erst mal die Schule schaffen. Es war sicher nicht einfach, von Ost nach West zu wechseln, und ich hoffte, sie würden leicht Anschluss finden. Ich hatte schon Kontakt mit einer Privatschule in München aufgenommen. Ich wollte, dass die beiden stärker gefördert wurden, als dies an einer staatlichen Schule der Fall gewesen wäre.

Hundemüde und mit etlichen Taschen beladen verließen wir gegen Abend das Kaufhaus des Westens. Wir hatten versprochen, am Checkpoint Charlie noch für Aufnahmen zur Verfügung zu stehen. Außerdem wollten uns noch einige Journalisten interviewen. Die *Welt* wollte eine ganze Seite über uns schreiben, und das ZDF plante ein Fernsehinterview für das *Heute-Journal.* Es war wie bei Politikern. Zur Pressekonferenz am Abend waren Dutzende Journalisten und Fernsehteams gekommen. Natürlich freuten sich alle mit uns, und die Öffentlichkeit hatte auch ein Recht, unsere Freude zu teilen. Ohne die Mithilfe der vielen Menschen, die sich für uns engagiert hatten, wären wir vielleicht niemals zusammengekommen. Was für eine verrückte Welt war das, wo es zum Ereignis wurde, wenn eine Mutter ihre Kinder von Deutschland Ost nach Deutschland West holte und dafür sechs lange Jahre brauchte.

Meine Seele hatte jedenfalls Flügel bekommen, und ich fühlte mich so erleichtert, als ob ich eine schwere Krankheit überwunden hätte.

Die beiden waren so erwachsen geworden! Sie antworteten sehr klug und überlegt, bildeten sich ihre eigene Meinung und gingen mit den Presseleuten dafür, dass sie solche Befragungen nicht gewohnt waren, sehr souverän um. Sie benahmen sich ganz natürlich, und jeder schloss sie gleich in ihr Herz. Ich war so stolz. Natürlich hatte ich die hübschesten Mädchen weit und breit und malte mir aus, wie toll es sein würde, in München im Winter mit ihnen Schlittschuh laufen zu gehen. Warum ich ausgerechnet im Sommer ans Schlittschuhlaufen dachte, weiß ich auch nicht. Vermutlich dachte ich mir so die Hitze und Schwüle weg.

Todmüde stolperten wir abends in unser Hotelzimmer. Es war eigens für diesen besonderen Tag für uns reserviert worden, und wir genossen es, eine Weile alleine zu sein. Nach all den Jahren!

Ich warnte die beiden noch vor meinen nächtlichen Albträumen. Sie sollten sich um mich keine Sorgen machen. Manchmal schrie ich nachts, ohne mir dessen bewusst zu sein, und zwar so laut, dass meine Nachbarn in München einmal beinahe die Polizei holen wollten. Ich träumte immer wieder denselben Traum, konnte mich jedoch nicht dagegen wehren. Mein Arzt meinte, es sei relativ normal, wenn sich verdrängte Ängste in Träumen ein Ventil suchten. In meinem Traum trug ich Handschellen und wurde in einen Korb gestoßen. Mächtige Hände verschlossen diesen. Ich sah, wie eine große Stiefelspitze den Korb anschubste, so dass er ins Rollen kam. Dann rollte ich einen Berg hinunter, mir wurde dabei ganz schwindelig. Unten fiel der Korb in ein Gewässer, vermutlich einen See. Ich wehrte mich, wollte raus, hatte Todesangst unterzugehen, zu ertrinken, fühlte schon, wie alles nass wurde, wie das Wasser über mich wegschwappte. Es war dieses totale Gefühl der Hilflosigkeit, das mir solche Angst machte. Ich rüttelte mit meinen gefesselten Händen an dem Korb, versuchte, den Deckel zu öffnen, doch er hatte sich verklemmt. Ich war dazu verdammt, in diesem Weidenkorb zu ertrinken, und musste es einfach geschehen lassen. Ich schrie aus Todesangst und wachte dann jedes Mal schweißgebadet auf. Es war fürchterlich. Nie träumte ich irgendetwas anderes. Es war wie verhext. Ich konnte monatelang ruhig schlafen, aber dann war wieder so ein Tag …

Die Mädchen sollten sich nichts dabei denken und mich einfach aufwecken, wenn das Schreien zu lange anhalten würde. Sie blickten mich sehr ernst an, vor allem Claudia.

»Hat sich das alles gelohnt?«, fragte sie mich. Ihre hübschen Augen hatten einen traurigen Glanz. Ich hatte mich vor dieser Frage gefürchtet. Sie musste kommen. Was sollte ich sagen?

»Warte noch ein Jahr mit der Antwort«, sagte ich. »Vielleicht kannst du es dir dann selbst beantworten. Es ist alles so gekommen. Das meiste habe ich nicht so gewollt. Das haben andere zu verantworten. Ich jedenfalls bin froh, hier zu leben«, ergänzte ich. »Falls du das meinst.«

Sie umarmte mich und weinte. Die Aufregung des Tages hatte sich gelegt, und jetzt war Platz für die tieferen Gefühle. Wir weinten alle drei. Die Anspannung war weg, und wir weinten vor Freude, aber auch in Erinnerung an diese schreckliche Zeit der Trennung. Ohne diesen Verlust betrauern zu können, würde es keinen richtigen Neuanfang geben. Das musste wohl sein.

Wir stießen alle drei noch mal mit einer kalten Cola aus der Minibar an und mussten lachen, als wir den Fernseher einschalteten und wir uns mitten in den Hauptnachrichten wiederfanden. Man sah den Mädchen an, dass sie Kameraerfahrung hatten. Sie blickten ohne Scheu ins Objektiv und wirkten sehr ruhig und gelassen. Mir hingegen stand die Anspannung ins Gesicht geschrieben.

Wie nach einem Marathon-Lauf taten mir alle Muskeln und Knochen weh. Ich wollte nur noch eins. Nach Hause! Duschen und schlafen. Bevor wir zum Flughafen gebracht wurden, holten die beiden ihre kleinen Äffchen aus dem Rucksack.

»Ihr habt doch nicht etwa?«, grinste ich. Beate nickte verschmitzt. »Doch!« Sie lächelte. »Schau nach!«

Tatsächlich! Die 4000 Mark waren noch drinnen. Meine Mädels! Da hatte unter Aufsicht der Staatssicherheit einer der raffiniertesten Devisenschmuggel stattgefunden. Dafür gab es mindestens fünf Jahre. Ohne Bewährung. Die beiden waren gerade mal eben am Jugendwerkhof vorbeigeschrammt. Mir fiel noch nachträglich ein dicker Stein vom Herzen. Wir beschlossen, uns von diesem Geld eine dicke Reise nach Amerika zu leisten.

Noch am selben Tag flogen wir mit der letzten Maschine nach München. Ich dachte, wir wären jetzt alleine und könnten unsere Wohnung genießen. Ich hatte den beiden unterwegs schon viel erzählt, wie alles eingerichtet ist und so weiter. Doch es kam anders. Als wir in München die Lufthansa-Maschine verließen und durch die Absperrung gingen, standen dort Menschen mit Blumensträußen, die winkten und grüßten. Ich drehte mich um, dachte, dass uns vielleicht irgendein Promi folgte. Doch ich merkte sehr schnell, dass wir gemeint waren. Da drängte sich auch schon Gerhard Löwenthal vor die Meute, kam auf mich zu und umarmte mich. »Herzlich willkommen!«, sagte er. Auch ihm standen die Tränen in den Augen.

Er hatte, für uns völlig überraschend, einen Empfang im Arabella-Hotel vorbereitet. Und wieder mussten wir viele Fragen beantworten, wurden fotografiert und gaben Fernsehteams Interviews. Das bayerische Regionalfernsehen und die Rundfunksender wollten auch vom glücklichen Ausgang dieses deutsch-deutschen Familiendramas berichten.

»Mama, ist das hier immer so?«, flüsterte mir Claudia ins Ohr. Sie war schon ein bisschen genervt. Die beiden hatten noch gar nicht richtig Zeit gehabt, alles zu sortieren und sich ein bisschen zu Hause zu fühlen, und sollten schon wieder Rede und Antwort stehen. Ich versprach ihnen, dass es die nächsten Tage wieder ganz ruhig werden würde.

Geduldig ließen wir das Blitzlichtgewitter der Fotografen über uns ergehen. Jeder in der Republik würde in den nächsten Tagen über Fernsehen, Radio oder Zeitung erfahren, was sich am 25. August in der Kanzlei von Anwalt Neumann ereignet hatte.

Als Beate ungeduldig fragte, wie lange sie noch Interviews geben müssten, antwortete ich leise: »Die Öffentlichkeit hat früher mit uns gelitten und gekämpft, jetzt hat sie auch ein Recht darauf, sich mit uns zu freuen!«

Neben Gerhard Löwenthal war eine Delegation der Organisation »Hilferufe von drüben« gekommen. Müde, aber aufgedreht nahmen wir an allem teil und freuten uns über die vielen guten Wünsche.

Erst weit nach Mitternacht kamen wir in unsere Wohnung heim, die in einem Hochhaus-Komplex im Münchner Vorort Unterschleißheim lag.

»Endlich allein!«, rief Claudia. Ihr brummte der Schädel. So viele Eindrücke an zwei Tagen! Wer sollte das verkraften?

»Ach, Mami«, seufzte sie. »Ich hatte schon geglaubt, wir sehen uns nie wieder! Es ist so schön bei dir.« Sie drehte sich langsam in dem großen Wohnzimmer um. »Richtig gemütlich. Wir werden dir auch ganz bestimmt helfen, damit du mit uns nicht so viel Arbeit hast. Stimmt's?« Sie stieß ihre Schwester in die Seite.

»Ist doch ohnehin klar!«, entgegnete Beate.

»Jetzt machen wir drei erst mal zwei Wochen Ferien! Da zeig ich euch hier die neue Umgebung. Es ist wunderschön in Bayern, ihr werdet sehen. Ich hab mir den ganzen Urlaub aufgehoben. Und dann sehn wir weiter. Wenn ihr wollt, könnt ihr hier das Abi machen. Nur Englisch müsst ihr nachlernen. Aber erst unternehmen wir was. Alles andere hat noch Zeit.«

Es wurde drei Uhr früh, als wir ins Bett kamen. Es gab so vieles zu erzählen, Erinnerungen auszutauschen.

Claudia und Beate schliefen sofort ein. Doch ich lag noch

lange wach. Die letzten Jahre liefen wie ein Film vor meinen Augen ab. Ständig war ich irgendwie unter Hochspannung gestanden.

Jetzt war ich so sehr zufrieden. Jetzt konnte nichts mehr passieren, was mich erschüttern würde. Den Alltag würden wir schon meistern. Ich hatte alles im Griff. Und die Mädels waren sehr lieb. Nicht verschlossen oder pubertär verstockt, wie ich es manchmal befürchtet hatte.

Früher, in Dresden, war ich jeden Abend vor dem Schlafengehen in das Zimmer meiner Kinder gegangen, um ihnen leise eine gute Nacht zu wünschen, um zu sehen, ob sie gut schliefen.

Jetzt waren sie erwachsen. Im Grunde brauchten sie ihre Mutter nicht mehr. In zwei, drei Jahren würden sie selbständig sein, einen festen Freund haben. So viel kostbare, gemeinsame Zeit war uns gestohlen worden.

Ich stand auf. Mochte es lächerlich sein. Es sah ja niemand. Leise schlich ich mich in das Zimmer der Mädchen.

Beate lag seitlich zur Wand. Claudia lag auf dem Bauch. Sie hielt das zusammengeknautschte Kissen ganz fest in ihren Händen. Im Zimmer lag ein Hauch von dem neuen Parfüm, das sie sich in Berlin geleistet hatten. Ein blumiger Duft von Nina Ricci.

»Gute Nacht, ihr Mäuse!« Ich gab jeder einen Kuss. Es war fast wie früher. Denn es ist klar, dass die Zukunft nicht den Zaudernden gehört, sondern denen, die, ohne schwach zu werden, das durchstehen, wofür sie sich einmal entschieden haben. Romain Rolland hatte in diesem Fall Recht behalten.

O wie schön ist Amerika

Wir planten eine Reise in die USA. Aber wir sagten nicht USA. Für uns war es Amerika! Eben ein anderer Kontinent. Ein Kontinent, von vom wir glaubten, dass dort die Idee von der Freiheit für die Menschen ihre Wurzeln hatte. Dass dort das Leben noch bunter als im Westen Deutschlands war. Wir hatten nun schon München und viele Orte und Seen in Bayern abgeklappert, die Mädchen wurden in die Schule aufgenommen, und wir wollten die letzten drei Wochen der Ferien nutzen, um die »neue Welt« kennen zu lernen. Mitten rein ins Herz des imperialistischen Feindes, wie es so schön in der DDR hieß. Wir wollten Washington kennen lernen, Miami und das »Walt Disney Ressort«. Die Heimat von Mickey Maus und Donald Duck. Jenen renitenten Figuren, die man im Osten nur heimlich lesen durfte, weil sie so gar nicht den marxistisch-leninistischen Kurs verfolgten. Wir wollten uns selbst ein Bild vom Feind machen.

In Washington buchten wir gemeinsam mit einem jungen englischen Pärchen, das auf Hochzeitsreise war, eine Fahrt mit einer Stretchlimousine. Wir wurden wie die Fürsten von Sehenswürdigkeit zu Sehenswürdigkeit kutschiert und hatten unseren Spaß an Jimmy, einem schwarzen Fahrer, der uns mit Anekdoten überschüttete. Wir verstanden nur die Hälfte, aber das war schon lustig genug. Er hielt überall dort, wo es eigentlich verboten war, so dass wir sehr nahe an die Gebäude, auch ans Weiße Haus, herankamen und fotografieren konnten. Er redete jeden in Grund und Boden und verwickelte die Polizisten in lange Gespräche, bis diese dazu kamen, ihm klar zu machen, dass er mit seinem Riesengefährt und den Touristen zu verschwinden habe. Er war der geborene Entertainer. Wir brauchten viel länger als geplant, aber es hatte uns so viel Spaß gemacht, dass wir dem netten Fahrer ein Extratrinkgeld gaben.

In Miami genossen wir das Strandleben und ließen uns von den palmenbesäumten Straßen, von den Lokalen, den bunt angestrichenen Häuserfassaden, den vielen individuell eingerichteten Lokalen und Cafés verwöhnen. Nach den Jahren des Kämpfens, der unbestimmten Zukunft hatte ich das Gefühl, etwas zu verpassen, wenn ich nicht jeden Tag mit Freude ausfüllte.

Ich hatte kennen gelernt, was es heißt, in einem dunklen Loch zu hausen, weggesperrt zu sein, hatte am eigenen Leib erfahren, wie schnell es gehen kann, vom Leben abgeschnitten zu sein. Ich fühlte, dass es jetzt an der Zeit war, den Tag zu feiern, mit meinen Töchtern zu leben, das Lebendigsein in allen Fasern der Seele und des Körpers auszukosten. Was machte es für einen Sinn, das Geld zu horten? Vielleicht war es schon übermorgen nichts mehr wert. Wer konnte sich schon auf die Politik und die Wirtschaft verlassen? Ich wollte bleibende Erinnerungen für uns schaffen, wollte, dass meine Kinder glücklich sind. Und was bot sich da besser an, als von Mickey Mouse höchstpersönlich durch einen Vergnügungspark geführt zu werden? Vielleicht mochte sich manch einer gefragt haben, ob uns keine anderen Sorgen plagten, aber wir taten einfach das, wozu wir Laune hatten, ohne die Absichten zu hinterfragen. Es machte Spaß, sich auf Englisch zu unterhalten, und die Mädchen bekamen ein Gefühl für die amerikanische Kultur.

Wir tranken eisgekühlte Coca-Cola, lästerten über die Leute, machten dummes Zeug und hatten kein schlechtes Gewissen. Es war einfach schön, die Dinge einfach laufen zu lassen. In bunten Farben zu denken. Sich den Mund mit Schaumgummi-Süßigkeiten voll zu stopfen. Niemandem verpflichtet sein. Endlich frei zu sein. Von allen Belastungen. Von allen Parolen.

Ich hatte anfangs Angst, die Kinder könnten doch eines Tages nach ihren Freunden, ihren Gewohnheiten, den Verwandten oder ihrem Vater Heimweh bekommen, doch es war nicht so. Wir waren eine verschworene Dreier-Frauengruppe, die allerhöchstens dadurch auffiel, dass die älteste der drei am meisten herumalberte. Ich hatte wirklich eine Menge nachzuholen! Ich war zugegebenermaßen ein »Kitschaholic« und konnte mich für sprechende Fußabtreter, singende Mäuse, blinkende Spiegel und alles, was die Welt nicht brauchte, erfreuen. Wie ein Kind saß ich da mit großen Augen und liebte all die Lichter und den Kitsch, den andere so verabscheuten. Auch Claudia fand die Amis ziemlich kindisch und lästerte, wenn ich mich über die Spielzeuge für Erwachsene, dieses beleuchtete Plastikparadies, köstlich amüsieren konnte.

Mit zwei fast lebensgroßen Mickey Mäusen flogen wir nach Old Germany zurück. Es war gar nicht so einfach, diese Figuren durch den Zoll zu bringen. Was hätte man nicht alles darin verstecken können! Wir hatten schließlich schon mal kleine Äffchen benutzt …

Das Flugzeug war nicht voll, so dass unsere Mickey Mäuse einen eigenen Platz erhielten, obwohl sie keine eigenen Tickets hatten.

Diese Reise würde uns niemand nehmen können, und wir hatten die ersten gemeinsamen wunderschönen Erinnerungen. Alle drei hatten wir genug Freude und gute Laune getankt, um dem kommenden Alltag mit seinen Launen entgegentreten zu können. Für die Mädchen fing in drei Tagen die Schule an, für mich eine Arbeit als freie Handelsvertreterin für ein Unternehmen, das Bandenwerbung an Sportstätten vertrieb. Ich konnte bei freier Zeiteinteilung und festem Kundenstamm in Bayern aktiv werden. Der Verdienst sollte nicht schlecht sein, und ich rechnete mir aus, meine Mädchen und mich als allein erziehende Mutter gut über die Runden bringen zu können.

Es war nicht ganz leicht, sich finanziell zurechtzufinden. Es gab viele, die mir einredeten, die unglaublichsten Versicherungen abzuschließen, um meine Kinder und mich abzusichern. Von der freien Krankenversicherung über die Lebensversicherungen bis hin zu Hausrat. Ich hatte als Ossi anfangs wenig Ahnung, was wirklich wichtig war, und das Gefühl, dass man Banken und Versicherungen trauen könne. Doch da sollte ich mich täuschen und musste einige bittere Erfahrungen machen, ehe mir das Finanz- und Rechtssystem einer Demokratie im Alltag geläufig wurde.

Da kamen monatlich hübsche Summen heraus, die einfach nur notwendig waren, um die Schule, die Versicherungen, die Mieten und das Notwendigste zu bezahlen. Aber mein Job war wenigstens gut, und ich machte dank meiner optimistischen Lebenseinstellung gute Geschäfte. Die Arbeit erfüllte mich, und ich war stolz, meine Kinder ganz alleine ernähren zu können.

Adventsfeier für Häftlinge

Das erste Advent-Wochenende jedes Jahres gehörte in dem kleinen Kurort Waldliesborn in der Nähe von Lippstadt den ehemaligen politischen Gefangenen aus der DDR.

Etwa 500 Menschen hatten sich auch am letzten Novemberwochenende des Jahres 1988 in die Festhalle des Gasthauses Hubertushof eingefunden, um gemeinsam die Freiheit zu feiern, aber auch, um gemeinsam über schwere Haftschicksale zu berichten.

Claus Peter Claussen und Gerhard Löwenthal erhielten lang anhaltenden Applaus von ihren Schützlingen, als sie in ihrer Begrüßungsrede auf ihr zehnjähriges Bestehen hinwiesen.

»Natürlich«, meinte Löwenthal ironisch, »begrüßen wir auch recht herzlich die Damen und Herren von der Staatssicherheit, die, wie wir wissen, jährlich unter uns weilen.« Einige grölten »Raus!«, die meisten beklatschten mit zittrigen Händen den Zynismus des Redners.

Viele hatten erst vor wenigen Tagen, einige vor wenigen Wochen oder Monaten die Gefängnisse der DDR verlassen. Ihnen stand noch immer die Angst in den Augen, und sie machten sich große Sorgen um ihre in der DDR verbliebenen Verwandten. Wie Perlen auf einer Schnur reihte sich hier Schicksal an Schicksal, jedes einzelne ein Existenzkampf, jedes einzelne ein psychischer Trümmerhaufen. Mitten im Wohlstand, mitten in einem Sozialstaat, mitten in einem Land, das so viel Wert auf die Menschenrechte legte.

Jetzt waren alle aus dem achtundachtziger Haftjahrgang zusammengekommen, um beim gemeinsamen Essen die Zukunft zu planen. Von anderen zu erfahren, wie sie es machten. Über Behördenstrukturen in dem neuen Deutschland informiert zu werden. Kleine Tipps und Kniffe im Alltag konnte jeder gut gebrauchen. Und natürlich miteinander sprechen. Von dem Unglaublichen, das man erlebt hatte, das sich Sozialismus nennt.

»Sie lassen noch nicht mal die Toten in Ruhe«, erzählte ein junger Arzt, der selbst in mehreren Krankenhäusern der DDR erlebt hatte, dass man den Toten die Hirnanhangdrüse herausoperierte, um sie für 20 Dollar das Stück zur Gewinnung von Wachstumshormonen an den Westen zu verkaufen. Die Angehörigen wurden von diesem Geschäft mit den Toten nie unterrichtet.

Still wurde es im Saal, als der Liedermacher Gerd Knesel zur Melodie von »Es waren zwei Königskinder« ein Lied, das er Claudia und Beate widmete, vortrug.

»Und so werden die lauter, die Rufe,
die Rufe nach Menschlichkeit,
lasst die Kinder zu ihren Eltern
nach so langer Trennungszeit.«

Den Refrain sangen alle mit. Ich hielt meine beiden fest im Arm. Wir drei waren glücklich.

Wir fanden uns im Münchner Alltag gut zurecht. Beide Mädchen hatten Anschluss in ihrem Gymnasium gefunden. Wir hatten es geschafft, waren fröhlich. Wir verstanden uns so gut, als hätte es diesen großen, gewaltigen Bruch nie gegeben. Alles besprachen wir gemeinsam, erledigten zusammen den Haushalt und legten viel Wert auf eine abwechslungsreiche Freizeitgestaltung. Wir hatten ja so viel nachzuholen! Das einzige Problem war, dass die Boutiquen in München so verlockend waren, dass wir geneigt waren, über unsere Verhältnisse zu leben. Und ich hatte als Allein-Verdienerin mit zwei erwachsenen Töchtern, die noch in der Ausbildung standen, eine Menge zu tun.

August 1989

Ein Jahr war vergangen und wir konnten mehr als zufrieden mit unserem Schicksal sein. Die Mädchen waren ehrgeizig genug, um ihr Abitur bestehen zu wollen. Ich hatte gute Geschäftsabschlüsse vorzuweisen, und wir hatten uns über Ostern eine Reise nach Mallorca gegönnt.

Eines Tages erhielt ich über das kirchliche Nachrichtenwerk einen Brief. Ich wurde gebeten, dabei behilflich zu sein, ein junges Paar aus Dresden über Ungarn in den Westen zu schleusen. Das sei völlig ungefährlich, da ich einen westdeutschen Pass habe. Man habe die Erfahrung gemacht, dass die Fahrzeuge westdeutscher Touristen an der ungarisch-österreichischen Grenze nicht kontrolliert würden. Dies wolle man ausnutzen. Ich sollte einen der beiden im Kofferraum über die Grenze schmuggeln.

Ich war hin- und hergerissen. Natürlich wollte ich hilfsbereit sein. Natürlich hätte ich es den jungen Leuten gegönnt, rüber zu kommen. Ich verstand jeden, der diesen Wunsch hegte. Aber wer konnte mir garantieren, dass ich mich nicht selbst gefährdete? In mein turbulentes Leben war endlich Ruhe eingekehrt und nun … Ich beriet mich mit meinen Töchtern. Ich wollte keinesfalls etwas ohne ihre Zustimmung unternehmen.

»Mama, mach es!«, riet mir Beate. Claudia war wie immer eher eine Bedenkenträgerin. Ich selbst hatte schon Lust. Ich mochte diese Kommunisten nicht und hätte im Prinzip jedem geholfen, der diesen blöden SED-Staat verlassen wollte. Erst recht jungen Leuten, die frei von jeglichem ideologischen Kram ihre Zukunft bauen wollten. Wir sprachen uns ab, und ich vergewisserte mich bei allen möglichen Leuten, dass diese Aktion für mich keine Gefahr bedeutete. Ich wollte nicht auch noch ungarische Gefängnisse kennen lernen. Maximal würden sie mir, falls ein Blick in den Kofferraum geworfen wurde, die Einreise verweigern. Damit konnte ich leben. Also sagte ich zu.

Gemäß dem penibel gestalteten Lageplan sollte ich hinter dem Grenzübergang am Neusiedler See auf einem Wanderparkplatz das Auto abstellen. Das Pärchen sollte in einer nahe gelegenen Hütte auf mich warten. Ich sollte die Frau im Kofferraum über die Grenze bringen, eine andere Westdeutsche dann den Mann.

Natürlich war ich aufgeregt. Es blieb nicht aus, dass mir meine eigene gescheiterte Flucht dauernd im Kopf herumspukte. Ich kannte diese jungen Leute nicht. Was, wenn es Spitzel waren? Ich verlangte, dass meine Daten bei der IGFM und bei »Hilferufe von drüben« hinterlegt wurden. Falls ich mich nicht innerhalb von fünf Stunden nach der Aktion meldete, sollten sie Alarm schlagen.

Doch es lief alles wie am Schnürchen. Erst sie, dann er. An der Grenze winkten die Ungarn alle Westler freundlich durch und kontrollierten die Autos nicht. Es war so einfach. Die Ungarn wollten sich offensichtlich nicht daran beteiligen, das den Kommunisten abhanden gekommene Volk einzufangen. Das war bekannt, und welcher Ostdeutsche konnte, machte Urlaub am Plattensee. Aber nur die wenigsten bekamen eine Genehmigung. Ab Österreich wollte sich das Pärchen alleine durchschlagen. Sosehr ich mich freute, es geschafft zu haben, jungen Menschen zu helfen, so sehr merkte ich auch, wie es mich belastete. Ich war nicht mehr in der Lage, unaufgeregt solche Dinge zu überstehen. Und wenn man aufgeregt ist, macht man Fehler. Ich nahm mir vor, nie wieder für solche Aktionen bereit zu sein. Das mussten andere übernehmen, die nicht solche Erlebnisse hinter sich hatten. Ich war jedenfalls heilfroh, unbeschadet wieder nach München zu kommen.

Die Mädchen hatten inzwischen eingekauft und die Wohnung mit Luftballons und Luftschlangen geschmückt. Doch wir hatten nicht vor, eine Sommerparty zu veranstalten. Wir putzten und schmückten unsere Bude aus einem ganz anderen Anlass. Wir wollten sehr privat unseren ersten gemeinsamen Jahrestag begehen.

Der 25. August war für uns wie ein Geburtstag. Diesen Tag würden wir nie vergessen und egal was passierte, an diesem Tag würden wir uns immer freinehmen, die Schule oder Arbeit schwänzen, um zu feiern. Das war unser persönliches Datum der Wiedervereinigung, und so sollte es auch die kommenden Jahre bleiben. Da wurde etwas Leckeres gekocht und gebacken, da saßen wir zusammen und redeten über uns, die Vergangenheit und die Zukunft.

Es war schön zu erfahren, dass die Mädchen diesen Schritt nicht eine Sekunde bereut hatten, zumal sich die Lage im Osten zuspitzte. Die Atmosphäre wurde gereizter. Die Menschen fanden sich zu Demonstrationen zusammen, und niemand wusste, wie das ausgehen würde.

Ich hatte Angst vor einem Bürgerkrieg. Einerseits verstand ich es, dass die Leute auf die Straße gingen und sich in immer größer werdenden Demonstrationszügen vereinten, um ihre Parolen »Wir sind das Volk« öffentlich zu machen. Es war so bewegend, mit anzusehen, wie die Menschen verzweifelt versuchten, etwas zu erreichen. Ich zündete zu Hause eine Kerze an, um zumindest im Geist mit diesen Menschen zu sein, und betete, dass alles friedlich über die Bühne geht. Ich kannte die Soldaten des Sozialismus und wusste, dass sie zu allem fähig waren. Bloß nicht schießen, dachte ich immer. Wenn einer durchdrehen und schießen würde, würde die Situation eskalieren. Dann kämen Panzer, und das wäre es dann. Schließlich lebten meine Geschwister noch drüben, und es war mir nicht gleichgültig, was geschah.

Gerhard Löwenthal und Erhard Göhl versuchten mich zu beruhigen. »Die Russen werden dieses Mal nicht mitziehen!« Sie trauten es Gorbatschow nicht zu, in unbewaffneten Menschenmengen unter den Augen der Weltöffentlichkeit ein Blutbad anzurichten. Aber wer wusste schon, was die Armee dachte und wie groß Gorbatschows Macht wirklich war.

Schließlich hatte es in der Geschichte etlicher Staaten immer wieder Putschversuche durch Generäle gegeben. Hatte Gorbatschow sein Militär wirklich in der Hand? Hörten sie auf ihn? Oder würde irgendwann die Stimmung kippen? Würde Honecker den großen Bruder mit dem roten Stern um militärische Hilfe bitten? Konnten die Sowjets dann nein sagen? Der Westen schien wenig auf dieses Szenarium vorbereitet zu sein.

Ich hatte meine Zusage gegeben, im September im Rahmen einer IGFM-Veranstaltung, die unter dem Motto »Die Mauer muss weg« stand, dabei zu sein, um meine Geschichte zu erzählen. Es waren Verleger bedeutender Presseorgane sowie Politiker eingeladen. Unter ihnen Carsten Voigt von der SPD, damals noch Sprecher beim »Innenausschuss deutsch-deutscher Beziehungen«. Er nahm an einer Podiumsdiskussion teil und verteidigte die Mauer als sicheres Bauwerk im Ost-West-Konflikt. Er vertrat vehement die Ansicht, dass Mauergegner den Frieden gefährdeten und ein Abriss der Mauer undenkbar sei. Ebenso sei es undenkbar, an einer Wiedervereinigung der beiden deutschen Staaten zu basteln. Niemals würde das seine Generation erleben, dazu seien die politischen Systeme zu verschieden. Er ging so weit, jene als Brandstifter zu beschimpfen, die den Mauersturz proklamierten. Sie schürten Konflikte und wären Kriegstreiber. Die DDR sei in seinen Augen ein souveräner Staat, und niemand habe das Recht, sich in die inneren Angelegenheiten eines souveränen Staates einzumischen.

Ich war da anderer Ansicht. Mir war es wichtiger, dass die Menschen souverän in ihrem Staat leben konnten, und eingemauerte Menschen waren keine Bürger, die frei und souverän entscheiden konnten. Was bedeutet die Souveränität des Staates, wenn es keine unabhängigen Bürger gibt und wenn zwei Drittel der Gesellschaft unterdrückt werden?

Ich verstand damals nie, weshalb nicht alle demokratischen Vertreter westlicher Parteien geschlossen für die Bürgerfreiheiten der Menschen in der DDR eintraten. Selbst Gorbatschow vertrat die Menschenrechte eher als manch ein Politiker der BRD.

Viele waren zu feige, suchten angeblich nach diplomatischen Wegen. Nichts sagen, sich nichts anmerken lassen, bloß keine Lippe riskieren, es könnte sich ja jemand auf den Schlips getreten fühlen. Vielleicht hatten einige auch einfach zu viel Dreck am Stecken und wurden erpresst. Wer kannte schon im Detail die Zusammenhänge. Tatsache ist jedenfalls, dass sich Mitterand aus Frankreich mehr für die Bürgerrechte der Ostler einsetzte als bundesdeutsche Politiker. Speziell Oskar Lafontaine von der SPD, der ja später die sensationelle Feststellung traf, dass in jedem Körper das Herz links schlage, hatte für die Demonstranten wenig Herz übrig. Wenn es nach seinem Willen gegangen wäre, hätte die BRD die DDR als souveränen Staat anerkennen müssen, und die Geschichte hätte wohl einen anderen Verlauf genommen. Denn nur dem besonderen Status der deutsch-deutschen Beziehungen war es zu verdanken, dass die BRD-Botschaften besetzt werden konnten und den Ausreisewilligen grüne BRD-Pässe ausgestellt werden konnten.

Es war bewegend zu sehen, wie Woche um Woche die Menschen trotz der Angst vor der Gewalt des Staates auf die Straße gingen, um friedlich für ihre Bürgerrechte zu kämpfen. Es war faszinierend zu erleben, dass es möglich war, mit Kerzen zu demonstrieren. Diese friedliche Revolution würde in die Geschichte eingehen, und ich war stolz, Zeuge zu sein.

Ich fieberte mit und hoffte, dass alles gut gehe. Doch würde die Aufforderung der Menschen nach der Öffnung der Grenzen Gehör finden? Würden sich die Mächtigen dieser Welt von den Tausenden, später Hunderttausenden beeindrucken lassen? Ich hoffte es, aber wirklich glauben?

Immer mehr Menschen nutzten die Gelegenheit, über die Tschechoslowakei abzuhauen. Sie stiegen in die Züge, gaben vor, im Bruderland jemanden besuchen zu wollen, um dann schnurstracks den Weg zum Botschaftsgelände zu finden. Etliche wurden vorher von der Stasi vor der Grenze aus den Zügen gezogen. Wahllos griffen sie Reisende heraus und zwangen sie, zur Überprüfung des Passes oder unter einem falschen Vorwand den Zug zu verlassen. Mir wurde berichtet, dass sie in Einzelfällen sogar kleine Kinder aus den Zügen verschleppt hätten, um die Eltern zu zwingen, vor der Grenze auszusteigen. Es sollte unter den Reisenden die Angst verbreitet werden, dass Repressalien zu erwarten seien, falls die Vermutung nahe liege, die Familie habe abhauen wollen.

In vielen Familien herrschte das pure Chaos. Viele hatten Angst, möglicherweise die letzte Chance zum Abhauen verpassen zu können. Vielleicht war morgen schon alles vorbei. Seit den Ausreisemöglichkeiten über Ungarn war die Welt nicht mehr so einfach. Zu Tausenden liefen den Sozialisten die Leute weg. Dieser Strom gen Westen war nur noch mit massiver Gewalt aufzuhalten.

Ich war so aufgeregt wie bei meiner eigenen Flucht. Wie gut verstand ich diese Menschen! Alles zurückzulassen war nicht einfach, aber zu ahnen, dass möglicherweise später keine Chance mehr war, hätte man sich nie verziehen. Mit ihrem Kind und dem

Nötigsten fuhren und liefen die Ostdeutschen davon. Sie parkten ihre Trabis und Moskwitschs für immer in den Straßen von Prag, um im Palais Lobkowicz, der bundesdeutschen Botschaft, Zuflucht zu finden. Mittlerweile lagerten hier wie zu Kriegszeiten Tausende Menschen. Das Rote Kreuz und andere Hilfsorganisationen waren schon ausgerückt, um den vielen Menschen zur Seite zu stehen.

Dann fiel jener entscheidende Satz von Genscher, dass alle, die sich in der Prager Botschaft aufhalten, in den Westen dürfen. Der Jubel der vielen Menschen trieb allen, die das direkt erlebten oder am Bildschirm saßen, die Tränen der Rührung in die Augen. Mein Gott! Auch ich zitterte am ganzen Leib. Sie hatten es geschafft. Und was würden jetzt die Daheimgebliebenen tun?

Abend für Abend saßen wir wie gebannt vor dem Fernsehschirm und erlebten dieses Schauspiel – wie eine Diktatur vom Volk vollkommen friedlich weggefegt wurde. Zum ersten Mal spürte ich so etwas wie erhabene Gerechtigkeit, und ich wusste, dass dies der Anfang vom Ende war.

Die IGFM war über Kontaktleute informiert worden, dass die Russen den Befehl hatten, unter keinen Umständen ihre Kasernen zu verlassen. Angeblich habe es von Egon Krenz den verzweifelten Versuch gegeben, das russische Militär als Hilfe im Kampf gegen den konterrevolutionären Feind zu mobilisieren. Doch die Russen hatten kein Interesse daran, den innerdeutschen Konflikt eskalieren zu lassen. Es sollte kein Blut fließen. Und erst daraufhin, mit dem Wissen, keine Unterstützung durch die Rote Armee zu bekommen, wurden die Verbände der NVA, die beinahe schon ihre Einsatzbefehle hatten, zurückgepfiffen. Keiner der SED-Politiker wollte die Verantwortung übernehmen, den Befehl gegeben zu haben, dass Deutsche auf Deutsche schießen. Zumal der Staat auch wirtschaftlich am Ende war. »Rette sich, wer kann« war die Parole kurz vor der Öffnung der Grenzen.

Als dann jene legendäre Pressekonferenz von Schabowski über die Nachrichten verbreitet wurde, war es kaum zu fassen. Jeder hatte gefühlt, dass irgendwas geschehen musste, doch keiner wusste, wie und wann und wo zuerst. Dass es dann nur eines Satzes bedurfte, dass die Grenzer gehorchten und plötzlich alles so war, wie es hätte immer sein müssen, das war so seltsam unwirklich. Die Mauer zum Potsdamer Platz war offen, alle rannten in der Nacht zum 14. November hin und her, und ich freute mich so wahnsinnig, obwohl ich es kaum begreifen konnte.

Mein Gott! Berlin war das Symbol des geteilten Deutschlands, des Ost-West-Konflikts, zwei Weltsysteme waren hier aufeinander geprallt, und dann kam dieser etwas unsichere Satz des Herrn Schabowski. Und auf einmal wurde diese eher unscheinbare Persönlichkeit zum beliebtesten DDR-Bürger! SED hin oder her, ihm war es zu verdanken, dass gehandelt wurde, dass endlich das Ziel der friedlichen Revolution erreicht war.

Die Menschen freuten sich. Aber konnte man dem trauen? War es möglich, dass am nächsten Tag alles rückgängig gemacht wurde? Dass sich alles als ein riesiger Irrtum herausstellte? War das wirklich das Ende der DDR?

Wir feierten mit und stießen auf die Grenzöffnung an.

Erinnerten uns an unseren eigenen Kampf. Hätten wir das gewusst! Klar hätten wir gewartet. Aber niemand hatte geahnt, dass sich die Sache so schnell und auf diese Weise entwickeln würde. Die ganze Kraft und Energie! War alles umsonst, was wir durchlitten hatten? Nein, ich hatte das Gefühl, es hatte in meinem Leben so sein müssen. Dieser tiefe Zusammenhalt mit meinen Töchtern war doch auch etwas Einmaliges, und das hatten wir bestimmt unserer besonderen Situation zu verdanken.

Doch in dieser Nacht, nachdem die erste Freude verflogen war, konnte ich noch lange nicht einschlafen. Schließlich waren jetzt nicht nur die Personen frei, die demokratisch gesinnt waren, sondern auch jene, die ihre wohl dotierten Posten in der Diktatur aufgeben mussten. Wo würden die vielen Staatsanwälte, SED-Bonzen, Stasi-Schergen ihren Weg machen? Wo würden sie landen? Konnten Menschen mit einer klaren kommunistischen Biografie so einfach Demokraten werden, oder würden sie versuchen, den anderen Teil Deutschlands, den freien Teil, mit ihren Ideen zu beeinflussen? Ich hatte auf einmal das ungute Gefühl, dass diejenigen, die mich so lange verfolgt, verhört und eingesperrt hatten, plötzlich vor meiner Haustür stehen und mich erneut bedrängen würden. Sie waren auf einmal wieder da, mir nahe und trübten meine Freude über die Wiedervereinigung doch erheblich. Welche Rolle würden sie spielen? Hatte der Westen genug Gesetze, um denen das Handwerk zu legen? Oder war der Preis für den Verzicht auf die Gewalt, dass die Menschen ihre Ämter weiterhin bekleiden durften?

Akteneinsicht in Dresden

Beate hatte eine Überraschung für mich. Sie hatte mir für ihre Abschlussarbeit, eine Tanzchoreografie, Einladungskarten mitgebracht, wollte mir jedoch nicht sagen, worum es in dem Tanzstück ging und wer die Musik geschrieben hatte. Nur so viel verriet sie: Es sollte eine Uraufführung sein. Beate war jedenfalls mächtig aufgeregt.

An jenem Samstagabend saßen Claudia, eine Arbeitskollegin, eine Freundin und ich in der ersten Reihe der kleinen Aula. Mehrere Tänzer und Sänger der Schule gestalteten das Programm.

Die Atmosphäre war wie im richtigen Theater, Scheinwerfer beleuchteten die Bühne. Die Zuschauer saßen wie im Kino in einer Schräge, so dass alle einen guten Blick hatten. Beate liebte den Tanz und wollte erst mal so lange auftreten, wie sie es körperlich verkraftete. Sie war sehr beweglich, hatte den Rhythmus im Blut und verfügte über ein hohes analytisches Können. Ihre Bewegungen waren aus einem Guss.

Doch an diesem Abend konnten wir sie nicht als Tänzerin bewundern, sondern als Choreografin. Neben der tänzerischen Ausbildung hatte sie auch Regie sowie Tanzpädagogik gelernt. Später wollte sie mal in dieser Richtung ihren Beruf ausüben. Tanz und Musik als Therapie.

Mir fiel auf, dass die Bühne mit einem weißen Klebestreifen in zwei Hälften geteilt war. Ich dachte sofort an das Musical »Westside Story«, bei dem die beiden Einwanderer-Gruppen gegeneinander antanzten. Hatte sie sich vielleicht diese Szene rausgesucht und neu interpretiert?

Plötzlich gingen die Lichter aus, und das Licht des Scheinwerfers fiel auf Beate, die sich von der Bühne aus ans Publikum wandte.

»Liebe Mama, liebes Publikum«, begann sie mit klarer, lauter Stimme. »Ich möchte Ihnen heute in Form einer Tanzchoreografie die Fluchtgeschichte, die meine Mama, meine Schwester und ich zwischen den Grenzen der beiden deutschen Staaten erlebt haben, präsentieren. Zu Kompositionen von Vanessa Mae und Gustav Mahler werden Ihnen unsere Tänzerinnen Monika, Lydia und Susanne das etwa zehnminütige Musikdrama ›Mauertanz‹ präsentieren.« Beate wandte sich direkt an mich. »Liebe Mama, ich weiß, welche Kraft und Stärke du aufgebracht hast, uns zu dir zu holen, und wie viel du leistest, um uns diese Ausbildung zu ermöglichen. Dafür möchte ich mich mit dieser Abschlussarbeit bedanken und dir diese Choreografie widmen!«

Ich wollte unter keinen Umständen heulen, aber es war so rührend, wie Beate da stand und alle klatschten. Ich sah sie als kleines Mädchen vor mir, dann auf der Flucht und ihren letzten Blick auf dem Flughafen in Berlin: So viele Bilder zogen wie im Zeitraffer in mir vorbei.

Ich wollte aufstehen und mich bei ihr bedanken, doch die Musik setzte schon ein, und die drei Tänzerinnen kamen. Eine, die wohl die Mutter darstellte, tanzte immer auf der einen Seite der Linie, die anderen beiden versuchten diese Linie zu überqueren, zu den Händen zu gelangen, die ihnen entgegengestreckt waren, doch es war nicht möglich. Diese Linie war wie eine undurchsichtige Mauer. Der Tanz mit der Musik, der Ausdruck der Geschichte, die so einfach dargeboten wurde und doch so nachhaltig in den Gefühlen blieb, faszinierte nicht nur mich. Beate erhielt tosenden Beifall für diese dramatische und zugleich poetische Tanzaufführung. Ich umarmte sie und flüsterte ihr leise ein Dankeschön ins Ohr. Ich war tief beeindruckt und spürte, dass mich dieser Abend ein Leben lang begleiten würde. Auch Claudia war ergriffen und fand die Idee ihrer Schwester großartig.

Claudias Ausbildung dauerte noch eine Weile. Sie machte gerade ihren Abschluss als Diplom-Werbekauffrau an der Bayerischen Akademie für Werbung, wollte dann aber noch ein Studium an der Filmakademie in Ludwigsburg anhängen, um künftig als Produzentin tätig zu sein.

Noch lebten wir alle zusammen. Inzwischen verdiente ich genug, so dass wir uns ein Haus in Starnberg mieten konnten. Wir liebten es, es uns schön und gemütlich zu machen, und das Haus bot einfach mehr Platz als eine Wohnung.

Wer viel arbeitet, muss auch seine Freizeit schön gestalten können. Und es war phantastisch, am Wochenende am Starnberger See zu laufen und im Sommer dort zu baden. Ich war mittlerweile schon in allen Bundesländern gewesen, aber ich liebte Bayern. Hier war ich zu Hause und fühlte mich wohl.

Die vielen Seen, die Berge, die Großstadt, die einsamen Landschaften, aber auch das Flair einer weltoffenen Stadt, hier bekam man alles. Es war nur leider etwas zu teuer. Manche fragten mich, ob ich nicht nach Dresden zurück wollte. Schließlich sei Dresden auch eine wunderschöne Stadt. Doch ich hatte dort immer noch Herzklopfen. Ja, ich gebe es zu. Ich traute den Menschen nicht. In der Behörde waren sie noch nicht mal in der Lage, meine Rentennachweispapiere zu finden, obwohl meine Arbeitszeiten nachweisbar waren. Man hätte nur bei den Arbeitgebern nachfragen müssen. Doch ich sollte Zeugen beischaffen, man legte mir immer noch Hürden in den Weg. Ich war rehabilitiert, auch die Gefängniszeit hätte mir angerechnet werden müssen, was dann auch geschah. Aber ich erhielt kein Wort der Entschuldigung, keine Bemühung, kein amtliches Verstehen.

Auch die Mädchen wollten nicht zurück. Sie hatten mittlerweile in München Freundschaften geschlossen und wollten von ihrer alten Heimat nichts mehr wissen.

Ich hatte schon längst bei der Gauck-Behörde Akteneinsicht beantragt. Wie die meisten politischen Häftlinge wollte auch ich wissen, was alles über mich geschrieben stand, wer wann was gesagt hatte.

Endlich war es so weit. Ich erhielt von der Behörde für das Stasi-Unterlagengesetz die Nachricht, dass ich in der Außenstelle Dresden meine Akten einsehen könnte.

Ich nahm mir eine Woche Urlaub, weil es Zeit kosten würde, mehr als ein Dutzend Aktenordner zu sichten und zu kopieren.

Es regnete, als ich in Dresden, Bautzener Landstraße, das Gebäude des »Bundesamts für das Stasi-Unterlagengesetz« (BStU) betrat. Die Mauer vor dem Gebäude, die mit Sprüchen wie »Eins, zwei, drei im Sauseschritt, die Zeit verfliegt, die Akten mit!« beschriftet war, sprang gleich ins Auge.

Ich wurde in die Riesaer Straße geschickt, denn das Amt war umgezogen. Dort wurde ich in Zimmer 205 geleitet. Meine Akten befanden sich in einem kleinen Büroraum. »Operation Galle« Aktenzeichen II/137 bis II/195.

Die Sachbearbeiterin, Bettina Franke, bat mich, ein Formular auszufüllen, das belegte, dass mir die Akten zur Einsicht ausgehändigt worden waren. Die junge Frau zog sich zurück, und ich saß alleine da mit meinem Berg an Papieren.

Ich öffnete die erste Akte. Würde ich aus diesen Dokumenten die Wahrheit erfahren? Über meine Flucht, über den Verrat, über meine Haft, über das Wieso, Weshalb, Warum? Was war an meiner Person so einzigartig, dass ich sogar auf der Liste der Todeskandidaten gestanden hatte? Dass man sogar wegen mir eine Entführung in Helsinki geplant hatte? Jahrelang war ich von der Stasi wie eine Topspionin beschattet und bedroht worden. Warum?

Lag die Antwort hier hinter den vielen Akten verborgen? Abgesehen davon, dass ich derartig penetrant verfolgt wurde: Solche Aktionen kosteten auch viel Geld. Wozu dieser Aufwand? Hätten sie uns einfach ziehen lassen, hätte das so gut wie nichts gekostet. So aber kostete ich die DDR mehrere hunderttausend Mark. Oder war ich als politischer Häftling einfach nur ein Devisenbringer? Wusste man genau, dass der Westen für mich zahlen würde? Angeblich waren 300 000 Westmark für uns bezahlt worden. Das war schon eine Summe. Ging es wirklich nur um den Verkauf von Menschen? Mir waren ein paar Listen in die Hände gefallen, aus denen die Verkaufsverhandlungen nachvollzogen werden konnten. Das war gewöhnungsbedürftig. Da wurden Menschen zusammengerechnet wie Kohlköpfe. Es wurde gefeilscht und gehandelt, Rabatte vereinbart und Bilanzen erstellt. Für Gefangenentransporte von mehr als fünfzig Personen wurden Pauschalgebühren verlangt. Es ging jährlich in die Millionen. Ein Wirtschaftszweig der besonderen Art. Und so sozialistisch. Ob das Lenin gefallen hätte?

Beim Öffnen der Akte fiel mir als Erstes ein altes Passfoto in die Hand und, ein paar Seiten weiter, ein Foto von der Firma Robotron sowie eine handschriftliche Notiz, eine Bewertung meiner Person, aufgezeichnet von einem ehemaligen Kunden, einem, mit dem ich selten etwas zu tun hatte. Auf einem Notizzettel standen meine Daten, meine Abteilung usw. Überall war der Stempel »streng geheim« aufgedruckt worden.

Ich las jenen Abschnitt, der rot unterstrichen war: »Sie verhält sich wie eine Natter. Sprüht ihr Gift unter die Kollegen, provoziert, wo sie kann, und hört nicht auf, die DDR bei jeder Gelegenheit zu verunglimpfen. Sie liest in den Pausen westliche Schundliteratur wie das Magazin ›Brigitte‹ und schwärmt für alles, was aus dem Westen kommt ... Irgendwie habe ich aber den Eindruck, dass das bei ihr nicht ganz ernst gemeint ist. Sie hat einfach so eine Art zu lästern, die Unruhe stiftet …«

Ich legte das Blatt zur Seite, nahm das Foto hoch, das mich bei Robotron zeigte – ich hatte ab und zu in dieser Firma zu tun, meist ging es um Kopien irgendwelcher Datenträger –, und lebte für Momente in den Erinnerungen. Sie hat so eine Art zu lästern, die Unruhe stiftet. Ich hatte nie viele Worte mit diesem Mann, der mich so beschrieb, gewechselt. Wie kam so jemand dazu, mich derartig zu beurteilen? Diese Beurteilungen wurden den Menschen in den Mund gelegt, und manche waren bereit, eine Unterschrift zu leisten, nur um ihre Ruhe zu haben. Vielleicht bekamen sie Vergünstigungen, durften mehr Urlaub nehmen oder öfter krankfeiern. Vielleicht hatte ich ihn auch abblitzen lassen, an zweideutigen Anfragen hatte es nie gemangelt, und einer dieser Herren hatte sich auf diese Art und Weise gerächt. Eines stimmte: Hin und wieder hatte ich die »Brigitte« gelesen. Das war wohl beobachtet worden.

Es war jedenfalls spannend wie ein Krimi, sich durch die eigene Geschichte zu wühlen. Ich erfuhr, dass meine Flucht von Anfang an begleitet worden war. Ich war ins offene Messer gelaufen. Das Schlimmste war, dass die bundesdeutsche Botschaft in Bukarest es hätte wissen müssen. Aber jeder wollte so wenig Ärger wie möglich in seinem Dienstbereich. Das war typisch deutsch. Wozu gab es Paragrafenwälder, wenn nicht, um sich dahinter zu verstecken? Wir hätten nichts sagen dürfen, es war ja doch Ihre Schuld …

Die erfreulichsten Dokumente, die ich hier fand, waren die Briefe meiner Kinder. Einige hatte ich ja schon in der Abschiebehaft bekommen. Aber die meisten waren mir erst gar nicht ausgehändigt worden. Jetzt würde ich sie zu Hause aufbewahren wie einen Schatz.

Meine Mäuse, meine Lieben. Sie hatten mir so viele Herzgesichter gemalt. Ich hatte ihnen das beigebracht, als sie noch im Kindergarten waren. Wir malten diese lustigen Gesichter in allen Varianten. Sie versteckten sich hinter Bäumen und Blumen, waren in den Tieren verborgen und hatten eine Besonderheit. Diese Herzgesichter machten Mut und vermittelten Lebensfreude.

Herzen, die Gesichter tragen,
stellen keine dummen Fragen,
sie sind einfach da im Leben,
helfen Lasten wegzuheben.

Nur vier kleine Zeilen. Aber sie waren wahr. Ohne diese Herzgesichter wäre mir wohl alles viel, viel schwerer gefallen. Die beiden hatten schon als Kinder so viel Phantasie und ihre ganze Liebe für mich in diese Zeichnungen gelegt. Das war so süß und ich war so glücklich, diese Briefe mitnehmen zu dürfen.

Ich brauchte acht Tage, um alles zu sichten und das Wesentliche kopieren zu lassen. Die Namen waren auf den Kopien größtenteils geschwärzt. Doch ich hatte sowieso kein Interesse daran, irgendjemanden anzuzeigen. Ich lebte in der Zukunft, nicht in der Vergangenheit. Und irgendwie machte alles seinen Sinn.

Auch wenn diese Zeit der Trennung, des Kampfes und der Haft viel Kraft gekostet hatten, so hatte es mich andererseits aufgebaut, immer davon überzeugt zu sein, auf der richtigen Seite zu kämpfen. Ich wusste immer sehr genau, dass ich unschuldig war, dass es ein Verbrechen des Staates war, mich einzusperren und mit mir die vielen tausend Menschen, die Ähnliches getan hatten wie ich. Ich war glücklich, dass mir die Geschichte so bald Recht gegeben hatte. Ich fühlte mich innerlich frei und war froh, Widerstand geleistet zu haben. Man muss Widerstand leisten, wenn die Diktatur ein freies Leben bedroht. Ich würde wieder so handeln.

Es gab eine Reihe Verwandter, die auch ihre Meinung zu meiner Person geäußert hatte. Vier Männer der Staatssicherheit hatten mich sogar im Osten beschattet. Was mich am meisten wunderte, war, dass ich Berichte fand, die bis Mitte 1990 reichten. Hatten da einige geglaubt, die Einheit könne noch mal rückgängig gemacht werden und dann würden Personen wie ich auf der Liste stehen? Ich konnte mir keinen Reim darauf machen, weshalb ich für die Herren von »Horch und Greif« so lange interessant war.

Vielleicht war es auch nur Routine. Wer einmal spitzelt, spitzelt immer.

Jetzt saß ich also hier. In der Nähe des Gebäudes, in dem ich einst in Untersuchungshaft gesessen hatte. Wo ich einsichtig werden sollte. Wo ich zugeben sollte, dass es ein Verbrechen war, diesen sozialistischen Staat verlassen zu wollen. Niemandem wäre es damals eingefallen zu denken, dass es falsch ist, Menschen einzusperren, nur weil sie woanders leben wollen.

Natürlich hätte ich Lust gehabt, den Vernehmer mit der Strickjacke zu treffen, ihm die Verhörprotokolle zu zeigen, ihn zu fragen, was er jetzt davon hielt. Einfach so. Nach zehn Jahren. Aber wem würde es was bringen? Es wäre nur verschwendete Zeit, die sich besser nutzen ließ. Im Fernsehen konnte man hin und wieder die Entschuldigungsparolen hören. Wir haben an den Sozialismus geglaubt, fühlten uns als die wahren Antifaschisten. Antifaschisten, die sich als Berufsziel das Spitzeln und Abhören politischer Gefangener ausgesucht hatten? Wer sollte diesen Unsinn glauben? Jeder wusste, was im Staat abging. Dass die DDR das miese Los gezogen hatte, von den Falschen befreit worden zu sein. So war das eben im Leben. Im Kleinen wie im Großen. In der Familie wie in der Politik. Es gab immer genug, die für Geld andere unterdrückten. Überall auf der Welt warteten sie auf ihren Einsatz. Die Schergen der Macht.

Trotzdem war ich froh, in die Akten geschaut zu haben. Es war wie ein Abschluss. Und ich war zufrieden, mein Leben so gelebt zu haben, wie es in den Akten stand.

Denn es ist klar,
dass die Zukunft
nicht den Zaudernden gehört,
sondern denen,
die, ohne schwach zu werden,
das durchstehen,
wofür sie sich einmal entschieden haben.

Dieser Satz von Romain Rolland spukte immer noch in meinem Kopf herum. Es gab nur wenige wirklich markante Sätze, die sich einprägten und im Leben Spuren hinterließen. Ich hätte zu gern herausgefunden, was Romain Rolland dazu getrieben hatte, diesen Satz zu schreiben. Es ist unglaublich, welche Kraft, welche seelische Stütze so wenige Worte haben können. Wenn er noch leben würde und das wüsste! Diese Worte waren für mich wie ein Schutzschild und gaben mir die Sicherheit, die zu sein, die ich war. Ob ich es wollte oder nicht, dieser Satz von Romain Rolland machte mich sentimental. Worte können eine Heimat sein, die man im Herzen trägt und überall mitnehmen kann. Ich wollte stark sein, frei sein und glücklich sein, wie vermutlich alle Menschen auf der Welt. Aber dazu brauchte man auch in schwierigen Situationen kleine Lebenshilfen. Vielen Dank, Romain Rolland!

Zu Besuch in Hoheneck

Ich war gleich nach der Haftentlassung im Westen rehabilitiert worden. Es war amtlich, dass ich zu Unrecht im Gefängnis gewesen war. Der Stempel der Rehabilitation war wie eine Siegerurkunde im Sport. Es war wie ein Siegel für die Freiheit. Ich hatte dafür gekämpft und war zu guter Letzt darin bestärkt worden. Eine geringe Haftentschädigung hatte es auch gegeben, und die Jahre der Haft sollten mir bei der Rente anerkannt werden. Durch die Einheit war ich jetzt sogar gesamtdeutsch rehabilitiert. Ich war wirklich froh, meine Unschuld dokumentiert zu haben.

Trotzdem hatte ich Bedenken, einer Einladung zu folgen, die mich wieder zurück ins Gefängnis führen sollte. Natürlich nur zu Besuch. Das inzwischen leere ehemalige Frauengefängnis der DDR, Schloss Hoheneck in Stollberg, das viele tausend weiblicher Gefangenen beherbergt hatte, sollte nun privat veräußert werden. An irgendeinen Investor, der die Idee hatte, aus dem Knast ein Hotel zu machen. Die Menschen, die hier nächtigten, sollten Knastatmosphäre nachempfinden können. Ein Event-Hotel für den etwas makabren Geschmack. Es gab viele ehemalige Häftlinge, die wenig von dieser Idee hielten und sich in ihrer Würde verletzt fühlten.

Mir persönlich war es egal. Die Zeit war vorbei. Ich wunderte mich nur, dass jemand tatsächlich glaubte, genügend Gäste für solch ein Etablissement zu finden. Ich zum Beispiel würde keinen Cent ausgeben, um in einem ehemaligen Knast zu nächtigen oder das besondere Essen einer Knastkantine vorgesetzt zu bekommen. Vielleicht mussten die Gäste auch noch in unseren kratzbürstigen Schlafanzügen nächtigen und die kalten Duschen über sich ergehen lassen. Vielleicht zahlten einige Verrückte tatsächlich für das Abenteuer Gefängnishotel in einem Originalbau viel Geld. Man sollte ihnen dann allerdings statt des Personals auch »Wachteln« an den Hals hetzen. Wegen der Authentizität! Und die Flure müssten die Gäste schrubben! Wenigstens blieb Hoheneck so der Nachwelt erhalten.

Ich war im Rahmen einer politischen Veranstaltung zum Gedenken der Opfer nach Hoheneck eingeladen worden. Das Gefängnis konnte im Rahmen dieser Veranstaltung besichtigt werden, und wir hatten die Möglichkeit, unsere alten Zellen, die Arbeitsräume und die »Tigerzellen« zu sehen. So nannten die Gefangenen jene gefürchteten unterirdischen Arresträume, in denen man zur Strafe Tage oder Wochen alleine zubringen musste. In diesen Kellerverliesen gab es weder Betten, Tische oder sonstiges Mobiliar. Man musste auf dem nackten Boden schlafen und bewegte sich wie ein Tiger in seinem Käfig.

Obwohl sich seit der Wende die Geschichte positiv für Deutschland und auch für mich entwickelt hatte, war ich innerlich sehr aufgewühlt, als ich vor diesem mächtigen Bauwerk stand. Wie viele Tränen mochten hier geflossen sein, wie viel Elend steckte hinter den Fassaden der vergitterten Wände? Wie viele Frauen hatten sich hier vor Verzweiflung das Leben genommen? Nicht jede war psychisch in der Lage, diese Demütigungen zu ertragen. Wie viele Verhöre mochten hinter den dicken Mauerwerken stattgefunden haben?

Justizvollzugsanstalt Stollberg. Sie kam mir noch mächtiger vor als früher. Unsere Gruppe bestand aus etwa 50 Personen. Wir waren mit einem Bus angereist. Wie eine Touristengruppe. Jede der Frauen hatte ihr eigenes Schicksal. Rosl, Maria, Brigitte, Erna, alte Frauen, junge Frauen, von Spionage über Republikflucht bis hin zur feindlichen Kontaktaufnahme … alle hatten ihr eigenes Kreuz mit der Stasi zu tragen. Und viele trugen es noch heute. Trotz Rehabilitation und Wiedergutmachung. Manche hatten unter körperlichen oder seelischen Folgeerkrankungen zu leiden. Paranoide Depressionen, Zwangshandlungen, manche litten unter einem Redesyndrom, andere mussten sich dreimal am Tag umziehen, weil sie sich schmutzig fühlten, wieder andere glaubten auch heute noch, ständig verfolgt zu werden. Den wenigsten war es wie mir gelungen, alles zu verdrängen, einfach nur in die Zukunft zu blicken. Bis auf meine Alpträume, die mich ab und zu plagten, hatte ich nichts zurückbehalten. Mein Kampf um die Kinder hatte viel zu viel Energie verschlungen.

Diese kahlen Flure, diese endlosen Metalltreppen, der Steinboden, auf dem jeder Schritt widerhallte, diese kargen Zellen. Solch ein Bau machte trübsinnig. Vielleicht hätte ich nicht kommen sollen. Es verschlang nur Zeit. Andererseits war ich aufgeregt und neugierig auf die Geschichten der anderen.

Wir hatten als erste Gruppe die Möglichkeit, auch die Kellerräume zu besichtigen, wo sich die »Bodenschläferzellen« befanden. Jene Räume, wo eine Steinnische in der nackten Wand als einzige Sitz- oder Liegegelegenheit vorhanden war. An den Türen zu diesen Zellen waren Siebe angebracht, um die Räume mit Wasser fluten zu können. Folter im Sozialismus. Wie im Mittelalter! Und jetzt würde man hier Partys veranstalten. Aber die Welt und vor allem die Menschen waren so verrückt. Und ich hatte nicht die Hoffnung, dass es einmal eine Welt geben würde, in der solche Sachen nicht mehr vorkommen. Ich hatte noch Glück gehabt, wie mir mal einer der Vernehmer gesagt hatte. Woanders wäre ich vergewaltigt worden und irgendwie verschwunden.

Manche hatten Tränen in den Augen. Es war schon merkwürdig, sein eigenes Gefangenenlager zu besichtigen. Es tat weh, und trotzdem waren wir erleichtert, es hinter uns zu haben. Dieser

Staat, der einem das angetan hatte, diese Schergen, die hier unschuldige Menschen drangsaliert hatten, hatten kapitulieren müssen. Doch es war eine Kapitulation erster Klasse! Sie bekamen ihre Renten, wurden nicht an den Pranger gestellt, behielten weitgehend ihre Posten, und keiner regte sich auf. Was hätte es auch für einen Sinn gemacht, irgendwelche rechtliche Schritte einzuleiten?

Mir ging es gut und ich konnte durch diese Räume gehen, ohne Hass zu empfinden. Deshalb war es vielleicht richtig, an dieser Reise teilgenommen zu haben. Es war wichtig, Journalisten, Jugendlichen und Dokumentaristen als Zeitzeuge zur Verfügung zu stehen. Unsere Geschichten sollten in Erinnerung bleiben. Wir wollten nicht als Randnotiz, als Staubkörner der Geschichte in der Versenkung verschwinden. Dazu waren es zu viele, die hier gelitten hatten. Und so war ich dankbar, dabei gewesen zu sein. Und ich war dankbar, Abschied von diesem hässlichen Gefängnisbau nehmen zu können, der diesen Ort so sehr dominierte.

Wir gingen noch in den Hof. Pressefotografen baten uns, im Kreis zu gehen, so wie früher. Wir taten es. Einige mussten lachen, andere waren sehr ernst dabei. Gefangenschaft. Weggesperrt sein. Nicht mehr dazugehören. Willkür ertragen. Hass aufbauen. Angst haben. Ekel empfinden. Mir gingen so viele Gefühle durch den Kopf. Und von Woche zu Woche die Hoffnung, dass es bald ein Ende haben würde. Man lebte nur für den Gedanken an den Transport.

Möge dieses Deutschland für alle Zeiten von Diktaturen befreit sein, wünschte ich mir, als wir das Gefängnis verließen. Die meisten Frauen, die hierher gekommen waren, waren eine Generation älter als ich. Sie waren in den fünfziger Jahren wegen Spionage vom »Volkskommissariat für innere Angelegenheiten« (NKWD), also von den Sowjets, verurteilt worden. Die Frauen waren meist noch blutjung, als sie hierher gekommen waren. Zwischen 16 und 22 Jahre alt. Sie hatten nichts verbrochen und waren dennoch oftmals zu unmenschlich hohen Haftstrafen verurteilt worden. Einige hatten 20 Jahre Haft bekommen. Die meisten waren nach sieben Jahren begnadigt worden. Trotzdem. Sieben Jahre. Das war eine lange Zeit. Den meisten war ihre Kindheit durch den Krieg und ihre Jugend durch den Knast genommen worden. Schicksale aus Deutschland, über die nur wenige etwas wussten. Die Frauen hatten damals in Holzpantinen herumlaufen müssen. Brutale Geschichten wurden da erzählt. Dagegen klangen die Erfahrungen der politisch Inhaftierten aus den achtziger Jahren wie Erlebnisberichte aus einem Sanatorium.

Ich war aufgewühlt, als ich nach Hause fuhr. Mein Bayern war so idyllisch. Und dieser Ort war so schmerzvoll. Ich hatte Abschied genommen. Ich wusste, ich würde nie wieder dort hinfahren und schon erst recht nicht als Hotelgast. Da sollten sich andere bedienen lassen und ihr Geld hinblättern.

Claudia und Beate erwarteten mich schon.

»Wie war's?«, fragten sie.

»Schlimm!«, antwortete ich knapp.

»Wenn du reden willst«, meinte Beate.

»Nein, lieber nicht. Da ist jedes Wort zu viel. Dieser Ort ist einfach nur hässlich.«

Die Mädchen hatten einen Kartoffelsalat mit Würstchen zubereitet, und wir ließen es uns auf der Terrasse gut gehen. Ich hatte so viel Glück gehabt, und das wollte ich genießen.

Sie erzählten mir von ihren Plänen und davon, dass sie sich diese neuen Mikrofaser-Anoraks kaufen wollten und Pullis von Prada toll fänden, aber erst zuschlagen würden, wenn sie als Secondhand-Ware angeboten würde.

Fürs Wochenende hatte ich mit Freunden eine Reise an den

Ammersee geplant. Es sollte schönes Wetter sein, und wir wollten einmal entspannen. Wir hatten gute Umsätze gemacht und gönnten uns diese kleine Tour. Die Mädchen gingen inzwischen eigene Wege.

»Es wird mal Zeit«, lästerte Willi, einer meiner Freunde, »dass du dir mal etwas fürs Herz suchst!«

Ich lachte. »Herzen sucht man nicht, die findet man!«, entgegnete ich.

»Du weißt schon, was ich meine«, sagte er. »Du hast dich jahrelang um deine Kinder gekümmert, hast vollkommen vergessen, dass auch du mal jemanden brauchst. Nur Arbeit und Sorge ist kein Leben!«

»Keine Zeit!«, konterte ich.

»Wenn du keine Zeit hast, hast du auch keine Lust. So einfach ist das«.

»Was sollte ich jetzt mit einem Kerl anfangen? Mein Leben ist kompliziert genug, da muss ich mir nicht noch den Beziehungsstress antun!«

Es war schon Abend. Wir saßen draußen und beobachteten den Sonnenuntergang. Ich trank ein Glas Rotwein und hatte mir einen Salatteller bestellt. Willi, Traudl, Basti, Georg und Anni saßen mit am Tisch. Wir liebten unser schönes Bayern. Wir waren eine richtige gewachsene Clique, kamen uns nie in die Quere und deshalb verstanden wir uns auch sehr gut. Zweimal im Jahr unternahmen wir an einem Wochenende eine kleine Reise und tauschten dabei unsere Erfahrungen aus. Ein Ski-Wochenende im Winter und ein verlängertes Wochenende im Sommer oder im Spätsommer. Manchmal gab es auch an Silvester gemeinsame Feste.

Ich hatte nach dem Essen noch Lust, alleine hinunter zum See zu gehen. Die anderen wollten Karten spielen. Das Wetter war so phantastisch, und es waren noch so viele Menschen unterwegs. Außerdem wollte ich mal eine Stunde alleine sein.

Ich setzte mich auf eine Bank an den Bootssteg und schaute auf den See. Die Lichter spiegelten sich in dem ruhigen Wasser. Von weit klang die Musik der Lokale übers Ufer. Ich genoss die Stille, niemandem Rede und Antwort stehen zu müssen. In einer Gruppe fühlte man sich immer verpflichtet, irgendetwas zu sagen, irgendwie herumzualbern. Mir fielen Willis Worte ein. Es stimmte. Ich hatte nie wirklich eine neue Partnerschaft für mich ins Auge gefasst. Hin und wieder hatte mich zwar ein Mann angesprochen. Doch das Bedürfnis nach einem Partner loderte nur noch auf Sparflamme in mir. Die Angebote, die mir gemacht worden waren, hatten mich nicht gelockt, und auch ich selbst war nie bereit gewesen, in dieser Richtung aktiv zu werden. Zum ersten Mal spürte ich so etwas wie Sehnsucht nach einer Partnerschaft. Sehnsucht nach einem Glück zu zweit. Die Mädchen waren erwachsen, und es würde nicht mehr lange dauern, da würden sie ausziehen, ihre eigenen Wege gehen. Sicher würde ich irgendwann Oma werden und so weiter. Da wäre es gut, sein Leben mit jemandem zu teilen, dem man Vertrauen schenken konnte. Aber genau das war das Problem. Für Liebschaften hatte ich genug Kandidaten. Aber wem konnte man wirklich vertrauen? Für wen lohnte es sich, Vertrauen aufzubauen? Liebe und Vertrauen. Es war schwer, diese Kombination in einem Menschen zu finden. Erst recht in meinem Alter.

So vertieft in meine Gedanken, merkte ich nicht, dass ich beobachtet wurde.

Ein fremder Mann sprach mich an. »Hallo, macht es Ihnen was aus, wenn ich mich zu Ihnen setze?«

Ich blickte ihn ein wenig erschrocken an. Er sah mich an, als habe er meine Gedanken erraten. Das wäre mir natürlich peinlich gewesen. Er schmunzelte. Hatte ich etwa laut gedacht?

»Nein, natürlich nicht«, sagte ich. »Die Bank ist lang genug!«

Ich ärgerte mich, weil ich wieder diesen spröden Unterton in meiner Stimme hatte. Dieses unterschwellige »Rühr-mich-nicht-an-Syndrom«.

Wenigstens diese eine Mal und an diesem wunderschönen Abend hätte mein Tonfall etwas freundlicher sein können.

War hier etwa das Schicksal … Ich warf von der Seite einen zweiten Blick auf ihn, er erwiderte ihn knapp. Zum ersten Mal seit vielen Jahren gefiel mir ein Mann spontan. Einfach nur das Äußere. Die Augen, sein Lächeln.

»Sicher verheiratet«, dachte ich sofort. »So einer kann nur verheiratet sein!«

Er sah gut aus. Wirkte sehr gepflegt und unaufdringlich. Er setzte sich, holte, wie es die Südländer oft tun, eine Tüte mit Pistazien aus seiner Tasche und bot mir auch welche an. Ich verneinte dankend, weil ich Pistazien nicht besonders mochte.

Wenn er jetzt geht, überlegte ich mir, wird er möglicherweise denken, ich sei eine arrogante Ziege. Mit dem hätte ich zwei, drei Worte länger wechseln wollen, doch wie sollte ich ihm das zu verstehen geben, ohne einen falschen Eindruck zu hinterlassen?

Sollte ich mich überwinden und doch ein paar Pistazien essen?

Er hatte kurz geschnittene Haare, trug eine Brille, hatte ein freundliches Gesicht und ein sehr charmantes Lächeln. Er erinnerte mich an den Hustenbonbon-Onkel aus der Apothekerreklame im Fernsehen. Vielleicht kam es mir deshalb so vertraut vor.

»Ich nehme doch eine Hand voll«, meinte ich.

»Die Dinger schmecken gut«, sagte er. »Außerdem sind sie gut fürs Gehirn.«

»Ach ja, und wieso?«, wollte ich wissen.

»Nüsse, egal welche, haben gewisse Substanzen, die bewirken, dass die Botenstoffe im Hirn optimal fließen können. Eine Blockade der Botenstoffe kann schlimme Folgen haben.«

Ein kleiner Besserwisser, dachte ich, tat aber so, als würde mich das alles mächtig interessieren.

Wir redeten noch eine Weile über gesunde Ernährung, kamen aufs Klima, die wunderbare Landschaft am Ammersee und erzählten uns gegenseitig, weshalb wir hier waren. Er war beruflich hier, musste als Werbemanager für ein Wein- und Sektunternehmen ein Event leiten, eine Segelregatta. Ich erzählte ihm in knappen Worten meine Geschichte, die ihn sehr beeindruckte. Wir kamen auf die Wiedervereinigung zu sprechen und fanden beide, dass es eigentlich ein Planungskonzept hätte geben müssen, dann wäre vieles weniger chaotisch gelaufen.

Im Nu waren zwei Stunden vergangen, es war kurz vor Mitternacht, und wir stellten fest, dass wir uns gegenseitig das halbe Leben erzählt und dabei vergessen hatten, uns vorzustellen.

»Jürgen«, sagte er.

»Jutta«, erwiderte ich.

»Na, das passt doch«, ergänzte er lächelnd.

Und es passte wirklich.

Wir verabredeten uns, tauschten Adressen und Telefonnummern aus, trafen uns die nächste Zeit oft an den Wochenenden. Ich musste gestehen, dass ich mich verliebt hatte. Wie ein junges Mädchen, mit dem typischen Kribbeln im Bauch. Ich stand stundenlang vor dem Spiegel, weil ich ihm gefallen wollte. Die Mädchen waren glücklich und fanden ihn genauso sympathisch wie ich.

Jürgen lebte in Scheidung, hatte einen erwachsenen Sohn und einen Job, der ihn ausfüllte – ähnlich wie ich. Was ich am meisten schätzte: Er mochte meine Mädchen und akzeptierte es, dass wir nur als Dreierpack zu haben waren. Er akzeptierte sie nicht nur, er benahm sich ihnen gegenüber wie ein richtiger Vater. Er dachte wie ich positiv über den Wert von Familie und Vertrauen. Er wollte keine Geliebte, sondern eine vertraute Geliebte. Und ich wollte dasselbe. Einen vertrauten Geliebten. Für eine tägliche Partnerschaft in einem gemeinsamen Zuhause war ich noch viel zu unruhig. Ich brauchte noch mein Rückzugsgebiet, und bei ihm war es genauso. Eine Scheidung kann einen zerstören, vor allem, wenn etwas zerbrochen ist, an das man geglaubt hatte.

Unsere gegenseitige Liebe war wie vom Himmel gefallen. Wir lebten zwar an verschiedenen Orten und konnten uns nur am Wochenende sehen, aber diese Wochenendbeziehung war intensiver als manch eine Ehe, die so routinemäßig ablief, dass nichts mehr an frischen Gefühlen übrig blieb.

Ich spürte, wie ich mich mehr und mehr von meiner öffentlichen Geschichte verabschiedete, um privat Wurzeln zu schlagen. Meine Sehnsucht nach einer richtigen Familie war groß, und ich verfolgte dieses Ziel mit Vehemenz.

Auch beruflich ging es mir gut. Ich liebte meinen Job und war glücklicherweise auch noch lebenslustig geblieben. Ich wollte das Leben genießen und mir nicht vermiesen lassen. Das war schon immer meine Devise und erst recht jetzt, nachdem alles vorbei war.

Mit Mitte 40 noch seinen Traummann zu finden war schließlich eine Perspektive, für es sich lohnte, voller Elan zu leben.

Die Talk-Show

Eines Tages erhielt ich einen Anruf vom Mitteldeutschen Rundfunk. Die Redakteurin fragte mich, ob ich bereit sei, in einer Talk-Show über meine Geschichte zu sprechen. Über mein Schicksal war mittlerweile unter dem Titel »Gebt mir meine Kinder zurück!« ein Buch erschienen, und Beate Wedeking, Moderatorin der Talk-Show, hatte es gelesen und wollte mich unbedingt kennen lernen.

Es ging um das große Thema Familie und wie schwierig es manchmal sei, Familie leben zu können, wenn Schicksalsschläge einem einen Strich durch die Rechnung machten. Ich sagte zu, weil mir das Thema gefiel und interessante Gesprächspartner angekündigt waren.

Cornelia Froboess sollte über ihr Kinderstar-Image sprechen; eine schwarze Deutsche über den Bezug zu Afrika, ihre genetischen Wurzeln; ein Heimleiter über Kinder, die ihre Familie verloren hatten; dann kam die Mutter von Gregor Gysi, die in Russland geboren war. Ich galt als Beispiel einer Frau, die um ihre aus politischen Gründen getrennte Familie kämpfte.

In einer Runde auf Kommando meine Geschichte zu erzählen war neu für mich. Dementsprechend aufgeregt war ich, zumal sie in der Maske aus mir eine kleine Diva machten. Meine langen Haare, die ich gewöhnlich zu einem Mozartzopf gebunden trug, waren mit Lockenwicklern aufgepeppt worden. Mit meiner neuen Frisur, mit Make-up und Lippenstift fühlte ich mich wie eine Schauspielerin kurz vor der Oscar-Verleihung. Alle schwärmten von mir, aber ich kam mir ein bisschen fremd in meiner Haut vor.

Bevor die Sendung anfing, wurde ich aufgefordert, an Frau

Gysi keine politischen Fragen zu stellen. Darum habe sie vor der Sendung gebeten. Sie wolle keine Stellung beziehen und sich darauf beschränken, nur privat zum Thema Familie zu sprechen. Dieses ganze politische Geschwätz sei in ihrem Alter zu aufregend.

Auch noch feige, dachte ich. Sie hatte in der DDR Jahrzehnte zur privilegierten Oberschicht des SED-Regimes gehört und war 1972 mit dem vaterländischen Verdienstorden in Silber ausgezeichnet worden. Sie hatte sich natürlich »nur« mit kulturellen Fragen beschäftigt.

Ich versprach der Moderatorin, mich an diese Abmachung zu halten, obwohl ich es unverschämt fand, einen Maulkorb zu erhalten. Sie dürfen dieses und jenes, vor allem wenn es der Wahrheit entspricht, nicht in aller Öffentlichkeit sagen, weil es einen unserer Gäste kompromittieren könnte. Beate Wedeking fand dieses Rede- beziehungsweise Frageverbot auch nicht gut, aber sie wollte den Willen der alten Dame respektieren, denn sonst hätte sie die Runde verlassen. Ich überlegte kurz, ob nicht besser ich die Runde verlassen sollte. Musste ich mich schon wieder von Familienmitgliedern aus dem Hause Gysi verdrängen lassen? Doch zu gehen wäre falsch gewesen. Vielleicht hatte das die ältere listige Dame provoziert. Sie hatte wohl geglaubt, mich mit dieser Zickigkeit vertreiben zu können. Das wollte ich auf keinen Fall. Also blieb ich und versprach, den Namen Gysi nicht in den Mund zu nehmen.

Meine Geschichte sollte in der Runde lange und ausführlich besprochen werden. Und Beate Wedeking versprach, mir ausreichend Redezeit zur Verfügung zu stellen. Die Leute an den Bildschirmen würden sich dann schon ihr eigenes Urteil bilden. Ich wollte nicht der netten Dame mit den weißen Haaren und dem unschuldigen Dackelblick das Feld überlassen.

Das Thema Familie sorgte für Aufsehen. Sollten familiäre Pflichten und Interessen vom Staat übernommen werden, oder war Familie und Familiengestaltung eine Aufgabe privater Interessen? Über diese Fragen wurde heftig diskutiert. Die meisten waren der Ansicht, dass der Staat zwar Betreuungs- und Lehrfunktion gegenüber Kindern habe und auch seine pädagogischen Pflichten erfüllen müsste, dass jedoch Religion, Politik und Ideologien aus den Erziehungsprogrammen gestrichen werden müssten.

»Du warst ganz große Klasse«, empfing mich Beate mit einem Strahlen im Gesicht.

»Wie ein Profi!«, ergänzte Claudia.

Mich hatte dieser Abend eher aufgewühlt. Ich war durcheinander, mein Lebensalltag hatte mit meiner Vergangenheit kaum noch etwas zu tun.

»Wie ein Star!«, ergänzte Jürgen. »Du hast zweifelsohne ein Kameragesicht. Warum hast du der Gysi nicht deine Meinung gesagt?«

Ich erzählte ihm von der Abmachung vor der Show, und er schüttelte den Kopf. »Dass solche Bedingungen vom Fernsehen überhaupt zugelassen werden. Na ja, kam trotzdem gut rüber.«

Wir hatten wieder mal einen Anlass zu feiern und über das Geschehene nachzudenken. Diese DDR gab es nicht mehr, und das war zu schön. Das war mehr, als ich mir vor zehn Jahren hätte erträumen können. Da war es nicht mehr wichtig, ob eine Frau Gysi Redeverbot erteilte oder nicht. Die paar Gestrigen, die immer noch an den alten roten oder braunen Strukturen festhalten wollten, mussten überwunden werden. »Die Zeit heilt alle Wunden« heißt es in einem Sprichwort. Das galt vielleicht auch für die deutsche Teilung.

Beate hatte einige Aufträge als freie Tänzerin einer Cabaret-

Show und beim Fernsehen, Claudia jobbte bei einer Werbeagentur, ich ging immer noch meiner freien Arbeit als Bandenwerberin nach, und Jürgen hatte seinen festen Job. Es ging uns gut, wir leisteten uns Urlaube, wohnten in einem schönen Haus, hatten zwei Autos und freuten uns, trotz der enormen Startschwierigkeiten ein gutes Leben führen zu können. Wir waren alle gesund und munter, und das war die Hauptsache. Wir stritten uns nicht über Politik und waren froh, dass die Demokratie doch weniger kompliziert war als der Sozialismus mit seinen marxistisch-leninistischen Pamphleten, die sowieso kein Mensch verstand.

Am Checkpoint Charlie

Ich war seit der Wende nicht in Berlin gewesen und hatte das Gefühl, mal nachsehen zu müssen, was aus meiner zweiten Heimat, dem Checkpoint Charlie, geworden war. Berlin musste ja der Schmelztiegel im Prozess des Zusammenwachsens von Ost und West sein. »Es wächst zusammen, was zusammengehört«, hatte nach der Wende Willy Brandt gesagt. Die meisten Menschen hatten dem zugejubelt, wer wollte schon etwas gegen die Einheit sagen. Doch nach ein paar Jahren war offensichtlich der erste Lack ab.

Ich wunderte mich, wie offen und wie politisch die Taxifahrer in der Hauptstadt über die Menschen herfielen. »Wenn es nach mir ginge«, sagte mein Taxifahrer auf der Fahrt vom Flughafen Tegel nach Berlin Mitte, »sollten die wieder die Mauer aufbauen. Ich würde dafür spenden!«

»Und weshalb?«, fragte ich

»Nur Streit! Und nur böses Blut! Da wächst was zusammen, was nicht zusammengehört. Die Ossis sind viel zu lange von allem weg gewesen. Die denken, das Geld fliegt wie die gebratenen Tauben auf ihre Konten. Da ist nur noch Streit. Die Wessis meckern, weil Berlin pleite ist, und die Ossis meckern, weil sie sich viel mehr erhofft hatten. Viel mehr Kohle. Demokratie und Freiheit sind denen völlig egal. Es geht nur um Kohle. Überall dasselbe!«

Ich kam nicht einmal dazu, irgendetwas zu erwidern. Der Mann, vielleicht 40 Jahre alt, wetterte in einer Tour.

Ich ließ mich von ihm beim »Maritim Hotel« absetzen. Beate, Claudia und Jürgen wollten zwei Tage später kommen. Wir hatten ein Sonderangebot gebucht. Ein tolles Hotel für vergleichsweise geringe Kosten. Zentral zur Friedrichstraße, zum Gendarmenmarkt und zum Checkpoint Charlie gelegen. Hier gab es sogar eine »Checkpoint-Bar« und einen Longdrink mit demselben Namen.

Es hatte sich so vieles verändert. In kürzester Zeit. Überall standen Glaspaläste, wo Banken, Versicherungen und Konzerne ihre Büros einrichteten. In den Friedrichstadtpassagen spürte man puren Luxus. Die schwarz-weißen Marmorfliesen im Rautenmuster, die sündteuren Designergeschäfte, wie es sie in der Vielzahl vermutlich nur noch in Paris gab, und überall Zweigstellen des legendären »Café Einstein«, wo sich Künstler und Intellektuelle trafen, um Projekte zu besprechen. Ein Kaschmirladen, der nur Pullover und Kleider aus diesem edlen Material und in allen Farben anbot. Dann ein dreistöckiger Kerzenladen, in dem so viele verschiedene Kerzen angeboten wurden, dass man einen Tag gebraucht hätte, um alles zu sehen.

Berlins Prachtstraße »Unter den Linden« hatte mit dem »Adlon« und dem »Radisson« jetzt auch nobles Flair. Alle alten Fassaden wurden restauriert, oder es wurden moderne neue Paläste gebaut. Früher waren der »Tränenpalast«, jener Bau, wo sich die Westler unter Tränen von ihren Ostverwandten verabschiedeten, und der »Palast der Republik« die einzigen Gebäude mit aufwändigen Glasfronten. Jetzt spiegelten sich die Sonne und abends das Kunstlicht an allen Ecken und Enden.

Wirklich erstaunlich waren die Preise. Die Brötchen und die Berliner Fleischbuletten kosteten mitten in der Stadt nicht mehr als auf dem Land und neben der teuren Fassade einer Großbank verkauften Künstler in Eigenregie ihre Werke à la Immendorf. Die farbenfrohen, großformatigen Bilder, die nicht perfekt und gestylt wirkten, ließen erkennen, dass Berlin noch immer einen revolutionären Touch hatte. Man spürte den Geruch von Aufbruch, das Noch-lange-nicht-fertig-Sein an jeder Ecke. Es war sehr anregend, durch die Straßen zu laufen und an den vielen Großbaustellen am Potsdamer Platz Halt zu machen. Das Sony Center war gigantisch. Diese Zeltkuppel über dem großen Raum war modern, aber vielleicht ein bisschen kalt. Viele mochten diesen Bau und seine eigenwillige Architektur nicht, diese aufgetürmten Glasfronten, diesen Hauch von Gigantomanie, der so gar nicht zu den alten Bauten der Jahrhundertwende passte. Aber jede Zeit hatte eben ihre eigene Prägung. Dieses ewige Nörgeln und die ewige Besserwisserei der Deutschen gingen mir manchmal auf die Nerven. Vor lauter Baukränen und Baugruben konnte man sowieso nicht darauf schließen, wie alles in 20 Jahren aussehen würde. Immerhin hatte das Sony Center den Steuerzahler kein Geld gekostet, und das war schon bemerkenswert.

Die Hauptsache, die Mauer ist weg, dachte ich, alles andere wird sich fügen. Bauliche Fehler kann man schließlich auch wieder verändern. Zur Nachbearbeitung gab es viele Möglichkeiten. Mehr Phantasie statt Kritik würde der Stadt sicher gut tun.

Als ich mich dem Checkpoint Charlie näherte, wurde mir der Boden unter den Füßen heiß. Hier hatte ich gelitten, gehofft, gehasst, die Fäuste geballt, geweint und konnte es immer noch nicht verstehen, wieso sich Menschen unter den Augen der Weltöffentlichkeit wegen verschiedener Ideologien so verhalten konnten. Hier war die Nahtstelle zwischen Demokratie und Diktatur gewesen. Hier hatten sich Russen und Deutsche und russische Deutsche und amerikanische Deutsche gegenübergestanden und Tag und Nacht beäugt. Jahrzehntelang, mit Uniformen, Maschinengewehren im Anschlag, Panzern im Rücken und Kriegsgeheul im Kopf.

Dabei wäre alles so einfach. Man bräuchte nur die Einhaltung der Menschenrechte zum Maßstab aller Verfassungen, ob religiös oder parteipolitisch oder königlich geprägt, zu verlangen. Damit wären wir einen wichtigen Schritt weiter. Globalisierung der Menschenrechte, dem sich alles andere unterzuordnen hatte. Alles! Der Mensch als Zentrum und Mittelpunkt aller politischen, wirtschaftlichen, kulturellen und religiösen Interessen. Die Menschenrechte sollten in den Klassenzimmern der Schulen aushängen, damit Kinder und Jugendliche schon damit aufwachsen. Aber sie sollten auch verlässlich einklagbar sein, vielleicht mit der UNO als oberster Gerichtsbarkeit. Dieser Ort verführte dazu, politisch zu werden. Ich spürte, wie ich hier Lust bekam, noch mal mitzumachen, mich zu engagieren, dabei zu sein, nicht zuzusehen, wie alles verfiel.

Der Checkpoint Charlie und sein Mauermuseum. Im Touristenführer hieß es, dass dieser historische Ort zu den von Ausländern am meisten besuchten Flecken in Berlin gehörte. Für viele Menschen weltweit war die friedliche sanfte Revolution der DDR-Bürger zur Abschaffung ihrer Diktatur ein Vorbild.

Ich spürte im Moment diesen Ort physisch. Mir wurde heiß und kalt. Die Emotionen kochten und froren wieder ein. Wie im Zeitraffer durchlebte ich die Bilder, die vielen Befragungen, den Hungerstreik. Immerhin drei Wochen lang. Doch ich hörte dann auf meine Freunde. Wenn du tot bist, feiern sie drüben ein Fest. Und deine Kinder haben auch nichts davon!

Aber man denkt in solchen Momenten nie an die Konsequenzen. Ich wollte damals unbedingt ein Zeichen setzen, wollte, dass sie sehen, wie ich immer weniger wurde. Wollte, dass sie moralische Schuld empfinden. Doch das war ein Fehler. Täter empfinden nie moralische Schuld gegenüber ihren Opfern, sonst wären sie keine Täter.

Jetzt ging es am Checkpoint Charlie zu wie auf einem Jahrmarkt. Man hatte das Grenzhäuschen mit Sandsäcken aufgebaut, und vor allem Asiaten fanden es schick, sich hier fotografieren zu lassen. Über der Straßenkreuzung hingen zwei große Plakate. Eins zeigte einen sowjetischen, eins einen amerikanischen Grenzsoldaten. Darunter in kyrillischer Schrift und auf Amerikanisch: »You are leaving the American sector«.

An den Ecken und Häuserwänden verkauften Händler die Devotionalien ehemaliger Macht. Es gab hier jeden Orden der Sowjets für ein paar Cent. Uniformen, Mützen, Gasmasken, Feldflaschen, rote Sterne in allen Größen, NVA-Originaldokumente und Nachtsichtgeräte, man konnte sich mit dem alten Kram richtig aufrüsten. Ich hätte weder für sowjetischen noch DDR-Krimskrams einen Cent ausgegeben, noch nicht mal für Karneval. Aber viele Jugendliche hatten ihren Spaß mit diesen Dingen. Überhaupt blühte das Geschäft mit der »Ostalgie«. Die DDR als Zuckerwatten-Diktatur mit plüschigen Vokabeln, lustigen Autos, Blümchentapeten, herzigen Parolen, Gurkenrezepturen und märchenhaften Perlweinen. Eine Diktatur aus Pappmaschee, eher liebenswert und ein bisschen zu bedauern als gefährlich. Ich hatte von dieser »Diktatur in Pink« und der kumpelhaften »Datscha-Mentalität« der Leute nichts gespürt. Ich hatte Angst, Druck, Repressalien, den ganzen gewalttätigen Apparat einer Diktatur zu spüren bekommen und konnte diesem DDR-Nostalgietrip nichts abgewinnen. Lachen ist gesund und Satire manchmal besser als Verbissenheit, aber als Opfer verschluckte ich mich zu oft an diesem Ostalgie-Humor. Die Macht der Diktatur auf der eigenen Haut zu spüren hinterlässt nun mal Wunden und Narben und nur wenige komische Momente.

Die Sonne schien, als ich meinen Fotoapparat hervorkramte, um ein paar Aufnahmen von dieser heutigen Touristenattraktion zu schießen. Im Nachhinein erschien alles so simpel. »Deutschland einig Vaterland« und »Wir sind das Volk« hatten die Demonstranten gerufen, ich hatte nur nach meinen Kindern an diesem Ort gerufen. Ich hätte nie den Mut gehabt, für ein ganzes Volk meine Stimme zu erheben. Vielleicht hätte ich an den Montagsdemonstrationen teilgenommen, vielleicht auch nicht. Mir war es immer nur um meine Kinder gegangen. Ich hätte nie den Mut gehabt, für politische Ziele zu kämpfen. Vielleicht fehlte mir auch das Bewusstsein, mich als Teil des Volkes zu erleben. Ich hätte mich nie mit der DDR und ihrem Staat identifizieren können. In mir lebte die Flucht, seit ich denken konnte.

Eine hübsche Chinesin, höchstens 22 Jahre alt, ließ sich auf einem der Sandsäcke vor dem Grenzhäuschen fotografieren. Der Sandsack rutschte, und sie purzelte hinab. Das Pärchen lachte, sie drapierte den Sandsack wieder so, wie er dagelegen hatte. Die Chinesen waren genauso ordentlich wie die Deutschen. Es war schon merkwürdig. Jetzt wurde der Checkpoint Charlie genutzt wie eine Theaterkulisse. Und das war gut so. Es gab diesem Ort etwas Besonderes: Die Inszenierung des Schreckens, aber auch seine Überwindung.

Der Checkpoint Charlie war historisch und gleichzeitig so persönlich für mich. Der Mensch ist die Summe seiner Erfahrungen. Und hier hatte ich die stärksten Erfahrungen gemacht. Diesen Ort hatte ich mit meinen stärksten Hoffnungen verbunden. An diesem Ort haben meine Kinder den Osten verlassen. An diesem Ort war die massive Trennung der beiden deutschen Staaten fast hautnah spürbar gewesen.

Ich ging ins Museum, besuchte eine Ausstellung zum Checkpoint Charlie, zu den Aktionen, die hier stattgefunden hatten. Ich entdeckte mich auf zwei Plakaten. *Die Frau vom Checkpoint Charlie.*

In einer Stunde würde das Flugzeug aus München landen. Mit Jürgen, Beate und Claudia. Wir wollten einen Ausflug machen.

Ins neue Berlin. In ein hoffentlich friedliches Berlin. In ein hoffentlich freies Berlin. Ich war mir nicht sicher. Die Stimmung bei den Menschen war gespalten. Vielleicht war es auch nur die etwas raue Art der Berliner, mit sich und der Geschichte nie wirklich ins Reine zu kommen. Ich warf einen Blick auf die Uhr. Ich musste zurück ins Hotel.

Am nächsten Tag standen wir zu viert wieder an diesem Ort und fotografierten uns gegenseitig, wie die Chinesen und die Japaner. Jetzt gab es neue Bilder. Fröhlichere Bilder. Die Frau vom Checkpoint Charlie. Vor dem Mauerfall und nach dem Mauerfall. Ohne Familie und mit Familie.

»Und?«, fragte Claudia. »Würdest du das, ganz ehrlich, noch mal tun?«

»Ja!«, sagte ich fest und überzeugt. »Ganz ehrlich.«

Ich hakte mich bei meinen beiden Mäusen unter. »Für euch hätte ich noch ganz andere Sachen gemacht. Aber nur für euch!«

Wir umarmten uns mitten auf der Straße und fingen an zu heulen. Passanten blickten uns verlegen an.

»Und erst die Affen«, grinste Beate, während ihr die Tränen über die Wangen rollten. »Wir haben die Stasi ausgetrickst, und das finde ich noch heute richtig Klasse!«

Das war typisch für Beate. Sie hatte den Schalk im Nacken, und das würde sich wohl nie ändern.

Jürgen flüsterte mir ins Ohr, dass er stolz sei dazuzugehören und dass es Zeit sei, an eine feste Partnerschaft zu denken. Mit Ringen, einer Feier, einem Standesbeamten und so weiter. »Was das Schicksal zusammenfügt, darf der Mensch nicht trennen!« Statt einer Antwort küsste ich ihn. »Du bist ein Schatz!«

Ich lud alle in die »Checkpoint-Bar« ein. Udo Lindenberg hatte hier eine Ausstellung. Die wenigsten wussten, dass er ein singender Maler war. Voller Farbenfreude. Er liebte es, Menschenmassen abzubilden. Die Großstadt in all ihren Facetten. Der Mann mit dem Schlapphut und dem Sonderzug nach Pankow. Wenn nur alles so einfach wäre. Manche Sonderzüge hatten Lebensjahre gekostet. Aber jetzt war alles vorbei. Und ohne Blutvergießen! Dafür konnte man dankbar sein. Dass Deutsche nicht auf Deutsche geschossen hatten. Dagegen war alles andere Kleinkram und würde sich schon irgendwie einpendeln. Die Wiedervereinigung und der Wiederaufbau und der Streit um die fettesten Aufträge.

Wir bestellten uns zur Feier des Tages den »Checkpoint Cocktail«. Er schmeckte vorzüglich.

Ich notierte mir die Ingredienzien:

3 cl Mandarinen-Sirup
10 cl Kirschsaft
aufgefüllt mit Bitter Lemon …

Ich danke von Herzen:

Dr. Jürgen Aretz
Laura Berends
Claus Peter Clausen
Erich und Inge Dangschat
Dr. Alfred Dregger
Stella Duelberg
Erhard Göhl
Werner Kahl
Helmut Kamphausen
Gerd und Doris Knesel
Theo Koening (genannt Onkel Theo)
Gerhard Löwenthal
Rudolf Pasch
Dr. Walter Priesnitz
Heimo Rantala
Vera Russwurm

»Hilferufe von drüben«
Intern. Gesellschaft für Menschenrechte (IGFM)
Helsinki-Gruppe
Hilfswerk der Helfenden Hände, Hamburg
Radio Ottawa
Radio Vatikan
Radio Zürich
und den vielen Ungenannten, die mir in der schwersten Zeit meines Lebens beigestanden haben …

Mein ganz besonderer Dank gilt meinem Mann Jürgen, meinen Töchtern Claudia und Beate, meinen Geschwistern sowie meiner Freundin und Autorin dieses Buches, Ines Veith.

August 2005, Jutta Fleck (früher Gallus)

Eine Zeichnung von Claudia und Beate Gallus
für ihre inhaftierte Mutter

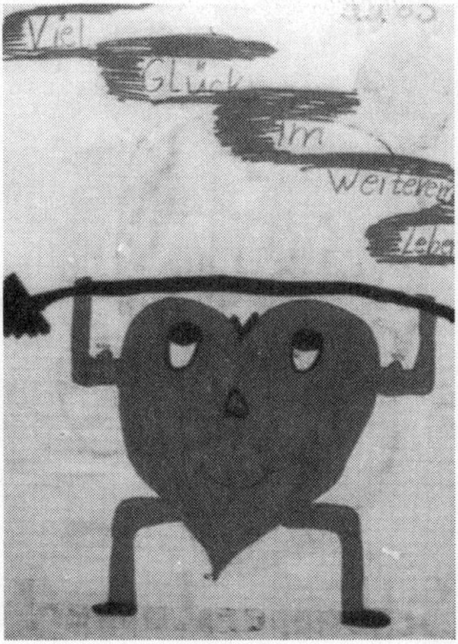

Herzgesichter

Herzen, die Gesichter tragen,
stellen keine dummen Fragen,
sie sind einfach da im Leben,
helfen Lasten wegzuheben.

Ines Veith

Anmerkung der Autorin:

Um die Privatsphäre all jener Personen, die mit dem Schicksal der Familie Gallus verknüpft sind, nicht zu verletzen, wurden Namen und in wenigen Ausnahmefällen Schauplätze verändert und die Handlung romanhaft ergänzt.

Bildnachweis

Jutta Gallus: S. I, S. VI oben/unten, S. VII, S. VIII oben
Guido Haug: S. II, S. III oben
Ines Veith: S. III unten, S. VIII unten
Die Bundesbeauftragte für die Unterlagen des Staatssicherheitsdienstes der ehemaligen Deutschen Demokratischen Republik (BStU), 48855/94Z: S. IV, S. V
KNA-Bild: S. VI Mitte

Carmen Rohrbach

Solange ich atme

Meine dramatische Flucht
über die Ostsee ans Ende der Welt

Eine Sommernacht Ende der 70er Jahre: Carmen Rohrbach und ihr Freund ziehen ein Schlauchboot ins Wasser. Über die Ostsee wollen sie in den Westen »rübermachen« – zu der 50 Kilometer entfernten Küste Dänemarks. Als sie sich der bewachten Dreimeilenzone nähern, tastet sich ein Suchscheinwerfer der DDR-Küstenwache gefährlich nah an das Boot heran – der Fluchtversuch droht zu scheitern. Da fasst das Paar einen todesmutigen Entschluss: Um nicht entdeckt zu werden, lassen sie das Boot zurück und schwimmen in ihren Neoprenanzügen weiter.
28 Stunden später treiben sie völlig erschöpft im Wasser. Noch immer ist kein Land in Sicht …

»Das Buch dokumentiert nicht nur ein Stück deutsch-deutscher Vergangenheit, sondern auch die Geschichte einer willensstarken Frau, die für ihren Traum nach Freiheit und fernen Ländern das eigene Leben riskierte – und gewann.«
Süddeutsche Zeitung

Uwe Karlstedt und Regina Kaiser

Zwölf heisst: Ich liebe Dich

Der Stasi-Offizier und die Dissidentin

Ostberlin, 1981: Wegen angeblicher Westkontakte wird Regina Kaiser von dem jungen Stasi-Offizier Uwe Karlstedt vernommen. Doch als sich die »Staatsfeindin« und ihr Vernehmer gegenüber stehen, geschieht das Unwahrscheinliche: Sie verlieben sich ineinander – eine Liebe, die sie sich erst Monate später eingestehen, heimlich, mit wenigen Worten und mittels eines Zahlencodes, den Regina im Gefängnis erfunden hat: 11 heißt »Du bist schön«, 12 »Ich liebe Dich«. Nach zweijähriger Haft kann sich Regina in den Westen freikaufen. Erst nach der Wende, im Jahr 1997, spürt sie ihren Vernehmer von damals wieder auf. Und erneut geschieht das Unwahrscheinliche …

Knaur Taschenbuch Verlag